KB216640

목수 김홍한 목사의
십자가 묵상 2

목수 김홍한 목사의

십자가 묵상 2

지은이   김홍한
초판발행   2020년 4월 16일
펴낸이   배용하

책임편집   배용하
사진   뿌리

등록   제364-2008-000013호
펴낸곳   도서출판 대장간
    www.daejanggan.org
등록한곳   충청남도 논산시 가야곡면 매죽헌로1176번길 8(54
대표전화   (041) 742(1424 전송 (0303) 0959(1424

분류   신앙 | 영성
ISBN   978-89-7071-514-8 03230
CIP제어번호   CIP2020014281

 값 10,000원

목차

추천의 글 • 8
작가의변 • 10

절기
우주의 십자가2 (창조) • 13
포도나무 십자가(부활) • 15
부르심 십자가(사순절) • 17

교회
교회의 십자가2 • 21
공동체의 십자가 • 23
교회의 십자가3 • 25
공동체의 십자가2 • 27

삶
성공의 십자가 • 33
성실한 십자가 • 35
삶의 십자가 • 39
천년 십자가 • 41
포도나무 십자가2 • 43
나의 십자가 • 47
내 무덤의 십자가 • 49

영성
간절한 십자가 • 53
주름진 십자가 • 63
흰 바탕 위에 십자가 • 65
꿈꾸는 십자가 • 67
길 위의 십자가 • 69
죽음의 십자가 • 73
예수의 흔적 • 77
광대의 십자가 • 79
사람다움의 십자가 • 81

사회

꽃이 된 십자가 • 85
제국의 십자가 • 89
농민 십자가 • 91
곧아질 십자가 • 93
심판의 십자가 • 95
젊음의 십자가 • 97
혁명의 십자가 • 99
시장의 십자가 • 103
인류의 십자가 2 • 105

관계

안녕 십자가 • 111
가족 사진 • 113
부부 십자가 • 115
두려운 십자가 • 117
하나님께 드리는 십자가 • 119
함께하는 십자가 • 121
아픔의 십자가 • 123

신학

고난의 십자가 • 127
아미타불 십자가 • 129
치유의 십자가 • 133
無用 • 135
반역의십자가 • 137
예수의 십자가 • 141
믿음의 십자가 • 143
회개의 십자가 • 147
용서의 십자가 • 149
제자들 십자가 • 151
언약의 십자가 • 153
내가 달려야 할 십자가 • 155

목수 김홍한 목사의

십자가 묵상2

어설픈 목수가 어설픈 화가에게 묵상 책의 추천사를 부탁한다.

목수 김홍한은 내가 아는 사람 중 가장 교만하지 않다. 제국의 십자가조차도 우리 눈에는 소박하다. 그 앞에선 누구도 높지 않고 누구도 낮지 않다. 학문적 권위조차 욕심내지 않는다. "에이~ 아닌 것 같아요." 하는 반박을 즐겨 듣는다. 그의 회개는 무겁다. 뒷덜미를 내리누른다. 누구라도 손을 보태 그가 진 십자가의 무게를 줄여주고 싶을 지경이다. 고요하고 비어있어 뭐든 받아들인다. 깊은 성찰에서 나온 그의 말은 사람을 한 인간으로 세우고, 모으기보다 흩어지게 한다.

그의 신은 속박이 아니라 자유다. 천태만상이 용납된다. 답답해서 도망가고 싶은 신이 아니라 도망갔던 사람도 돌아와 빼꼼 엿보게 한다. 그의 신은 세상 복을 위해 생떼를 부리는 사람한테서 자유롭다. 그가 자유롭기 때문이다. 적어서, 많아서, 너무 귀해서 맡기기가 쉽지 않은데 그는 가진 것을 기꺼이 하나님께 맡긴다. 맡기고 나니 얄미울 정도로 자유롭다. 거인 같은 품새가 된다. 세상 사람들은 맡기는 데는 인색하면서 그의 자유는 탐낸다.

그의 비유는 도발적이다. 그가 목사로 불리기보다 목수로 불리길 원하는 이유지 싶다. 목사보다 목수의 비유가 자유롭다. 목사였을 때 그를 보기 불편했는데 B급 목수일 때는 편하다. 원하든 원치 않든 그의 솜씨는 점점 나아지고 있다. 향상된 기량으로 B급 가구를 만들든 A급 가구를 만들든 그의 자유지만 B급 목수로서의 다부진 철학이 있기에 그의 기량은 해학이 되어 십자가 속에 깃든다.

괴롭고 괴로운, 어렵고 어려운 인생길을 갈 때 그는 우리의 벗이다. 우리가 겪는 무시를 슬그머니 옆에 와서 같이 받아 줄 것이고, 내가 겪는 아픔을 그의 덤덤함으로 무디게 만들 것이다. 그는 굽고 패이고 험한 곳을 메워 편편하게 하기 위한 역할을 충실히 하고 있다. 패인 곳, 험한 곳의 사람들이 '내게 친구 한 명만 있으면.'이라고 할 때, 그들의 무례나 정의롭지 않음을 따지지 않고 그는 친구가 되어 주고 돕는 자가 되어 줄 것이다.

그는 나중 하나님 앞에 섰을 때 "충실한 나의 종아!"라고 불릴 것 같다.

그때 나는 "제가 이 사람을 알아요." 하고 싶다.

김혜영·화가

"흰 바탕이 주어진 다음에야 그 위에 그림을 그릴 수 있다. 고요함이 바탕이 되어야 거기에 아름다운 선율이 흐를 수 있다. 내가 십자가를 만든다. 십자가는 손재주로 만드는 것이 아니다. 손재주라면 나보다 월등한 이들이 얼마든지 있다. 내가 십자가를 만들 수 있는 것은 나에게 흰 바탕과 고요함이 있어서다."

– 흰 바탕위의 십자가 중에서 –

예부터 "10년 공부"라는 말이 있다. 어느 분야든지 10년 공부하면 경지에 오른다. 나는 35세 때부터 공부하기 시작했다. 그전에도 공부하지 않은 것은 아니지만 그것은 남에게 배우는 공부, 억지로 하는 공부였지 내 공부가 아니었다. 내 공부를 10년 정도 하니 할 말이 생겼다. 말을 하니 사람들이 들어 주었고 글을 쓰니 읽어 주었다.

목사가 목수 일을 하다 보니 십자가가 저절로 만들어졌다. 나의 생각과 말과 글들이 십자가가 되었다. 나에게 십자가는 작품이라기보다는 신앙고백이다.

절기

180_270mm

하늘을 파랗다고 하지만 파란 하늘은 맑은 낮의 하늘이다. 1,500년 전 중국 양나라의 주흥사는 그가 지은 〈千字文〉을 "天地玄黃^{하늘은 검고 땅은 누렇다}"으로 시작한다. 검은 밤하늘이 진짜 하늘의 모습이다. 낮의 하늘은 태양에 의하여 가려진 하늘, 해가 사라진 밤하늘이 되어야 비로소 수 만 광년, 수십만 광년 멀리 있는 별들이 보인다. 낮의 하늘을 하늘의 모습으로 안다면 마치 방바닥에 누워 천장을 보며 그것이 하늘이라는 것과 다르지 않다.

그런데 하늘^{우주}이 진짜 검을까?

우주는 빛으로 꽉 차 있다. 태양을 비롯한 각각의 항성들이 빛을 무한히 내뿜고 있다. 우주는 빛으로 꽉 차 있건만 그 빛을 받아줄 것이 없어서 어둡다. 그러다 그 빛을 받아 줄 무엇을 만날 때 환해진다. 태양을 나온 빛이 지구를 만나고 화성을 만나고 달을 만나서 환해지는 것처럼 말이다.

어둠은 실체가 아니다. 어둠이 존재하는 것이 아니라 빛이 없음이 어둠이다. 빛이 있어도 빛을 받아줄 것이 없으면 어둠이다. 우주에 꽉 차 있는 빛, 역시 세상에 꽉 차 있는 하나님의 사랑.

330_650mm

선다는 것은 신기한 것, 어린아이를 키우다 보면 아기가 서는 때가 있다. 아기는 스스로가 그것을 신기하게 여기며 아주 좋아한다.

선다는 것은 정신이 든다는 것, 얼빠진 얼간이는 결코 설 수 없다. 천하장사도 정신을 잃으면 설수 없다.

사람이 사람구실 하려면 몸이 서고 맘이 서고 영이 서야 한다. 나라와 민족이 서려면 뜻이 서야 한다. 뜻이 서지 못하면 종살이밖에 할 것이 없다.

포도나무는 홀로 설수 없는 나무, 그래서 기둥에 붙들어 맸다. 포도가 익을 때면 농부는 줄기에 한 바퀴 돌려 껍질을 벗겨낸다. 영양을 열매에 가두기 위함이다. 억지로 일으켜 세워져서 빼앗길 수 있는 것은 모두 빼앗기고, 이제 늙어 생산량이 줄면 가차 없이 베어진다. 함석헌은 우리나라를 "늙은 갈보의 나라"라고 했는데 포도나무의 형편이 마치 늙은 갈보 같다.

이제 생을 마치고 베어진 포도나무, 이 포도나무로 십자가를 만들었다. 너무 힘들어서인지 몸이 꼬여있다. 껍질이 도려내진 곳마다 두꺼운 마디가 생겼다. 건조 과정에서도 갈라짐이 심하다. … 그래도 죽어서라도 홀로 설 수 있으니 장한 일이다. 포도나무가 십자가로 부활했다.

200*437mm

230_560mm

예수께서는
"수고하고 무거운 짐 진 자들아 다 내게로 오라" 하신다.

수고하고 무거운 짐이란,
욕망이다. 욕망을 채우기 위해서 사람은 밤낮없이 수고하고 경쟁을 하고 모험도 하고 투기도 하고 범죄도 저지른다.

사랑이다. 내가 사랑하고 나를 사랑하는 이가 그 무엇보다도 무거운 짐이다. 그 사랑하는 이를 위해서 수고를 아끼지 않는다. 때로는 그 사랑의 짐이 너무 크고 무거워서 오히려 사람답지 못한 경우도 있다.
이렇게 수고하고 무거운 짐을 진 자들을 주님은 오라 하신다.
편히 쉬게 하신단다.

정말 그럴까?
정말 주님께 의지하면 모든 수고와 모든 짐을 내려놓고 편히 쉴 수 있을까?
오히려 주님께서는 새로운 멍에를 메워 주신다. 그 멍에는 쉽고 가볍다고 하시지만 유감스럽게도 그 말씀만은 쉽게 동의해지지가 않는다.

부르심에 응답하는 것은
수고하고 무거운 짐을 내려놓는 것, 그래서 쉽다.

새로운 멍에를 메는 것, 그래서 고난이다.

교회

230_380mm

학교의 주인은 학생일 수 없다. 학생은 등록금내고 배우다 졸업 장 받아 나가는 고객이다. 국가의 주인은 국민인가? 지금 이 시대 를 살아가는 국민이 이 나라의 주인이라면 국민투표해서 미국에 팔아먹어도 되고 일본에 팔아먹어도 된다는 이야기다. 학교의 주 인은 학문이고 나라의 주인은 반만년 역사다. 자손만대 후손이다.

교회의 주인은 누구인가? 주인이신 주님께서 교회를 사람 손에 맡기신다. 누구에게 맡기실까? 선한 이, 순수한 이, 바른 이, 믿 음의 사람들에게 교회를 맡기신다. 그런데 교회가 커지게 되면 악 이 깃든다. 마치 가루 서 말 속에 누룩처럼, 겨자나무에 깃드는 새처럼. 커서 변질된 교회에는 영악한 이, 음흉한 이, 자신들의 영 광을 꾀하는 이들이 주인 행세한다.

아! 주님은 그러한 이들로 하여금 당신의 자녀들을 훈련시키시 는 가보다.

250_280mm

천국은 하늘에 있는 것이 아니다.
마음에 있는 것도 아니다.
너희 안공동체에 있다. 눅17:21

공동체는 관계다.

모두가 평등하다
모두가 소중하다.
약하고, 무능하고, 소망이 없는 이들이 더 소중하다.
그래서 천국이다.

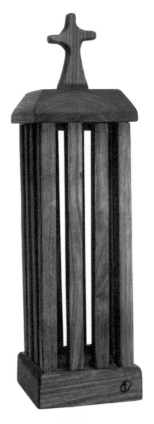

90_320mm

장사꾼들의 '선전'이 '전도'를 대신했다.

선전의 시대, 상품을 선전하고, 기업을 선전하고, 대학을 선전하고, 정당을 선전하고, 이데올로기를 선전하고, 국가도 선전한다. 선전은 대개 과장되고, 내용물 못지않게 포장에 신경을 써야 한다. 사람들의 말초신경을 자극해야하기에 감각적이다. 이 선전의 시대에 기독교도 선전한다. 열심히 선전하는 교회는 성장한다.

선전과 전도는 반대 개념이다. 교회가 쇠퇴하는 큰 원인, 선전은 열심히 하는데 전도하지 않는다. 전도의 대상은 불신자다 그러나 선전의 대상은 신자다. 선전하는 교회가 성장하는 것은 이미 신자가 된 사람들이 형편에 의해서 출석하는 교회를 옮기면서 선전하는 교회를 택하기 때문이다.

교회를 운영하는데 경영학이 도입되고, 전도^{선전}하는데 마케팅이 도입되며, 관리하는데 인사관리기법이 도입된다. 이러한 기술들이 많은 면에서 복음처럼 여겨지고 있다.

초대교회는 결코 선전하지 않았다. 큰 소리로 홍보하지 않았고 좋게 보이려고 포장하지 않았다. 오히려 지하 무덤 속으로 숨었다. 몰래 모여서 복음을 나누었다. 그리고 은밀한 가운데 그리스도를 증거 하였다.

인위적인 선전선동, 주님의 영광은 드러나지 않고 교회의 영광만 드러내는 교회, 주님의 고난의 모습은 가리고 학벌 좋고 잘생

긴 목사의 모습만 선전되는 교회는 결코 교회가 아니다.

　선전으로 가득 채운 교회는 교회가 아니다. 정복하여 꿇어앉힌 교회도 교회가 아니다. 장사꾼의 소굴이고 강도의 소굴이다.

교회는 신앙공동체다. 그런데 신앙공동체를 넘어 생활공동체로까지 확대하고자 한 이들이 성서 속에는 물론 역사적으로 많이 있다. 그들은 공동체 안에서 이상적인 사회를 실현코자 했었다. 많은 경우 불미스러운 가운데 실패하기도 하였지만 모범적인 모습으로 이어 오는 이들도 있다. 오늘날에도 그런 공동체가 많이 생겨나고 또 소멸되기도 한다. 기성교회들은 그들의 시도 자체를 이단이라고 비난하기도 한다. 그러나 그것이 비난할 일인가? 그것을 격려하고 칭찬하지는 못할망정 비난하다니….

공동체에도 조직이 있다. 계급도 있을 수 있다. 그러나 그 조직은 군림하는 조직이 아니라 섬기는 조직이어야 한다. 특히 약자들을 섬겨야 한다. 그리고 그 공동체는 강요된 조직이 아니라 자발적이어야 한다. 거부할 수 있고 떠날 수 있어야 한다.

이제 고인이 된 소설가 이청준이 그의 작품 〈당신들의 천국〉에서 중요한 메시지를 전해주고 있다.
문둥이들의 천국을 만들기 위해서 무진 애를 쓰는 원장을 원생들은 거부한다. 강요된 천국은 천국이 아니라는 것이다. 천국이 아무리 좋다 하더라도 그 천국을 거부할 수 있을 때 천국일 수 있다. 강요된 천국은 말 그대로 〈당신들의 천국〉일 뿐이다.

가난한자, 소외된 자와 함께한 선배목사가 은퇴를 했다. 그리고 작은 공동체를 만든다고 하면서 거기에 쓸 십자가를 요청했

440_830mm

다. 이미 만들었던 〈사랑의 십자가〉를 크게 만들고 거기에 십자가 하나를 더해 세 개의 십자가가 겹쳐지게 만들고 〈공동체 십자가〉 라 이름 했다.

삶

170_290mm

예수의 고통이 육신의 고통이라면 예수보다 더 극심한 고통가운데 죽어간 이들이 너무도 많다. 예수의 죽음이 죄 없이 죽은 억울한 죽음이라면 역시 죄 없이 억울하게 죽어간 죽음들이 어디 한둘인가? 그러면 예수의 진짜 고통은 무엇일까? 하나님으로부터 버림받으셨다는 절망의 고통이었다.

예수께서는 당신의 삶이 실패한 줄 알았다. 게세마니 동산에서 기도하실 때 비록 아버지의 뜻대로 하시라고 하셨지만 예수의 본심은 고난의 잔을 마시는 것을 피하게 해달라는 것이었다.

이러한 간절한 기도에도 불구하고 십자가의 형벌은 피할 수가 없었다. 죽는 순간 예수께서는 "나의 하나님, 나의 하나님, 어찌하여 나를 버리셨습니까?"마태복음 27:46, 마가복음 15:34하신다. 아마도 마지막 순간에 하나님께서 구해 주실 것으로 기대하신 모양이지만 끝내 기적은 일어나지 않았다.

그러나 그것이 하나님의 계획이었다. 하나님은 이렇게 예수를 희생 제물로 삼았다. 예수의 실패가 하나님의 계획이었다. 예수의 실패가 곧 하나님의 성공이다. 예수의 죽음이 인류의 구원이다.

아! 그러고 보니 사람의 인생도 그렇다. 나는 내 인생이 철저히 실패한 인생이라고 생각할 수 있을지 몰라도 주님이 보시기에는 성공한 삶일 수 있다. 반면 나는 내 인생이 성공한 삶이라고 생각할 지라도 주님이 보시기에는 철저히 실패한 삶일 수 있다.

우리 삶의 성공 여부는 주님 앞에 섰을 때 밝히 드러난다. 지금은 마치 녹슨 청동거울로 자신을 비추어 보는 것 같지만 주님 앞에 섰을 때는 우리의 모습이 얼굴과 얼굴을 대하듯 할 것이다. 그 때에서야 비로소 우리의 삶을 평가할 수 있을 것이다.

사람들아 묻지를 말라

"너 왜 그렇게 사냐?"고

나는

"어떻게 살까? 어떻게 살까?"

하다가 오늘에 이르렀다.
이제 겨우 "이렇게 살자" 길을 잡았는데
"너 왜 그렇게 사냐?"고 한다면
참 야속한 질책이다.

오늘 하루 속절없이 지나간다.
나도 한때는 하루하루를 알차게 지내려 했건만
지금은 오히려 시간을 귀히 여겨 하루하루를 알차게 지내려는
이들이 가여워 보인다.

그렇게 아끼고 아낀 시간이 무엇이란 말인가?
세월이 흐르는 것이 그렇게 안타깝단 말인가?

시간은 그저 무심히 솟아나고 무심히 흘러가는 것,
시간은 본래 없는 것, 있다면 순간만 있고 영원만 있다.

170_290mm

오늘 하루도 흘려보냈다. 오늘 하루만이 아니고 일 년을 그렇게 보냈다. 앞으로도 그럴 것이다. 시간이야 마냥 흘러가는 것, 아쉬울 것도 아까울 것도 없다.

그냥 흘려보내는 시간 속에서 나를 본다. 목적을 가지고, 꽉 짜여 바쁘게 보내는 시간들 속에서 나를 찾기는 어렵다. 그러한 시간들은 대개 나를 위한 시간이 아니고 남에게 얽매인 시간들이다. 남에게 종속된 삶이다.

그래서 말인데 삶은 바쁘게 살면 안 된다. 열심히 살아도 안 된다. 성실히 살아야 한다. 열심히 사는 삶은 욕망을 추구하는 삶이다. 열심히 살다보면 지친다. 그러나 성실한 삶은 지치지 않는다. 실패하지도 않는다. 결코 무리하지 않기 때문이다. 성실한 삶은 결과에 관계없이 성공적인 삶이다. 모든 이의 삶이 그러해야 하지만 특히 목회자의 삶은 더욱 그러해야 한다. 목회는 열심히 하면 안 된다. 성실히 해야 한다.

330_520mm

이 세상에 태어나 어떤 삶을 살았든, 또 살아가든 삶은 예술이다. 예술은 한이 있어야 예술이 된다. 소리에 한이 들어가면 노래가 된다. 물가에서 무심히 던지는 돌에도 한이 서려 있으면 "첨벙"하는 소리가 다르다.

인간들의 처절한 삶의 이야기들은 인간들의 이야기만으로는 해석이 안 된다. 그래서 신을 끌어들이고 신에게 묻고 신에게 도전하고 신하고 흥정하는 것이 종교다.

내 인생이 내 맘대로 되는 것이 아니기에 내 인생은 내 것이 아니다. 내 것이 아니기에 때로는 저 멀리 놓고 남의 일처럼 구경할 수 있으려나?

내 인생이 내 것은 아니지만 내 인생의 십자가는 여전히 내 것이다. "무거운 십자가를 내려놓으라고?" 어림없는 소리다. 버릴 수 있는 십자가라면 처음부터 내 십자가가 아니었다. 내려놓을 수 없기에 내 십자가다. 남이 대신 질 수 있는 것이 아니기에 내 십자가다. 오늘도 기꺼이 자기 십자가를 지고 제 갈 길을 가는 당신에게 위로와 함께 찬사를 보낸다.

150_300mm

　유가사상과 노장사상에 불만이 있다. 유가儒家는 삶生만을 이야기 하지 죽음를 이야기 하지 않는다. 노장老莊은 생명의 고귀함만 이야기 하지 죽음의 거룩함은 이야기 하지 않는다. 그래서 유감이다.

　살아있는 것은 부드럽다. 살아있는 풀은 부드럽고 죽은 풀은 뻣뻣하다. 살아있는 나무는 부드럽고 죽은 나무는 뻣뻣하다. 살아있는 사람은 부드럽고 죽은 사람은 뻣뻣하다.

　그런데 살아있는 것이 무슨 역할을 하리먼 죽어야 한다. 다른 것을 살리려고 먹이가 될 때도 죽어야 한다. 나는 목수다. 산 나무는 다루지 않는다. 죽어서 오랫동안 말라서 딱딱해져야 무엇이든 만들 수 있다. 수 십 년 성장하여 훌륭한 재목이 된 나무는 죽어서 천년을 간다.

　사람이란 살아서 사는 것 보다 죽어서 사는 것이 진짜 삶일 수 있다. 살아서 하는 말보다 죽어서 하는 말이 진짜 말일 수 있다. "죽은 자는 말이 없다고?" 죽어서 더 많은 말을 하고 더 많은 제자를 거느리는 이들이 성현이다. 예수는 어떠한가? 살아서 30년 이지만 죽어서 2천년이다. 살아서 30년도 예수가 산 것이 아니다. 인간 예수는 죽고 그 안에 하나님의 영이 살아 30년이다. 그래서 죽어서 영원하다.

살아서 죽는 것, 해탈이 그것이고 거듭남이 그것이다. 학문한다는 것, 수행한다는 것, 신앙한다는 것도 그것이다. 학문한다는 것은 자기를 키우는 것이고 수행한다는 것은 바르게 자라는 것이고 신앙한다는 것은 자신을 죽이는 것이다.

바울선생은 "나는 매일 죽노라"했다. "내 안에 내가 죽고 그리스도께서 다시 사신다."고 했다. 매일매일 자기 자신을 죽이는 것, 그것이 영생이다.

생물학적인 죽음은 때가 되면 저절로 될 일, 내 소관이 아니다. 죽어야 할 나는 욕망의 나다. 욕망의 나로 사는 것은 순간을 스쳐가는 생명이다. 나무는 죽어서 천년을 산다. 사람은 살아서 죽어 영원을 산다.

내가 만든 이 나무 십자가가 1000년을 갈까?

어린아이는 때를 써도 예쁜데

늙은이는 노래를 불러도 듣기 싫고 춤을 추어도 보기 싫다.

늙은이는 모름지기 시대의 선생이어야 하는데 그렇지 못해서 그렇다.

첨단 기술 앞에 늙은이들은 속수무책이다. 초등학생들도 능숙히 다루는 핸드폰도 다루지 못하여 진전긍긍인데 무엇을 가르칠까? 모르거나 궁금한 것은 인터넷만 검색해도 얼마든지 얻을 수 있으니 젊은이들은 늙은이에게 물을 것이 없다. 그러면 삶의 지혜를 줄까? 안타깝게도 그것도 없다.

오늘날 늙은이들은 산업사회의 경쟁에 몰려 치열하게 사느라 깊이 있는 학문을 하지 못했다. 우선 급한 대로 실용적인 것만 배웠다. 유교와 불교는 구시대의 유물로 버림받았고 기독교는 깊은 것을 가르치지 않고 그저 구원과 축복만 가르쳤다. 그러니 머리가 비었다. 그동안 배우고 익힌 실용지식은 첨단기술 앞에 아무 짝에도 쓸데없고 삶의 깊은 지혜는 눈 씻고도 찾아볼 수 없으니 오늘날 늙은이들은 정말 쓸모없는 존재가 되었다. 근본을 찾지 않고 현상만 쫓아 숨 가쁘게 살아온 결과다. 치열하게 살았지만 깊이 있게 살지를 못했다. 바쁘게 살았지만 알차게 살지 못했다. 그래서 추하다.

170_240mm

춤을 추고 노래를 불러도 추하다.

  이미 늙은이가 된 사람들과, 늙은이가 될 사람들의 걱정이 태산과 같다. 이제 어떻게 살까? 가치관이 깊지 못하니 기껏 생각한다는 것이 건강과 웰빙이다. 아직도 근본을 모르는 어리석음을 벗어나지 못하고 있다. 이제라도 그동안 잊고 살았던 자신을 찾아야 한다. 생각을 깨끗하고 거룩하게 해야 한다. 생각이 깨끗하고 거룩해지면 삶도 깨끗하고 거룩해진다.

  낙엽은 곱게 단풍든 후 떨어진다. 사람도 그랬으면 좋겠다.

  이 십자가를 포도나무로 만들었다. 여러 해 동안 달콤한 포도를 생산하면서 굵어지고 단단해졌다. 추한 모습을 담으려 했는데 오히려 자연미가 있고 기품이 있다.

170_340mm

　나는 내 인생 질겅질겅 씹으면서 살아왔다. 그냥 훅~ 지나온 인생이 아니다. 그렇게 훅 지나가기에는 내 인생도 힘들었다. 나만 그럴까? 어느 누구의 인생인들 힘들지 않은 인생은 없다.

　언제부터인지 내 안에 불끈 불끈 솟아오르던 분노가 일지 않는다. 분노 대신에 연민이 깊어간다. 그리고 연민은 어느덧 체념이 된다. 내가 도대체 누구를 연민한단 말인가?

　십자가에 달리신 예수께서는 어떤 맘이셨을까? 분노일까? 연민일까? 체념일까? 분노는 연민으로 바뀌고 연민은 또 체념으로 바뀌었을 것이다. 예수께 희망이 있었을까? 아주 작은 희망이라도 남았더라면 "나의 하나님 나의 하나님 어찌하여 나를 버리시나이까?"라는 한탄과 원망은 없었을 것이다.

　내가 무엇을 위해 사는가? 무엇을 위해서 산다는 것은 어리석은 삶이다. 삶은 무엇을 위해서 사는 것이 아니라 삶 자체가 목적이다. 그러니 삶에는 다른 목적이 있어서는 안 된다. 목적이 있다면 그 목적이 삶보다 중요하다는 것 일 텐데 도대체 삶보다 중요한 것이 무엇일까? 나는 오늘을 산다. 그저 오늘 하루에 충실하고자 한다.

　인생은 연극이라고? 인간은 배우라고?
　셰익스피어는 "인생은 연극"이라고 했다.
　내 인생이 연극이라면

각본은 누가 쓰지?
연출은 누가할까?

사람이 하는 일이라는 것이 다 쇼다. 저 좋은 삶을 사는 것이 아니라 보여주기 위한 삶, 남이 보아주기를 원하는 삶을 살아간다. 보여주기 위한 삶을 산다는 의미에서 인생은 연극이다. 인생은 쇼다.

이제 저 좋은 삶을 살자. 제 가치관대로 살고 제 말 하면서 살자. "하나님을 위해서 산다.", "예수를 위해서 산다." 는 말도 하지 말자. 제 인생을 멋지게 살면 그것이 예수께서 사신 삶이요 하나님께 영광이다.

특별히 보여줄 것도 없고, 잘난 것도 없이 내 멋대로 살아온 인생이라 투박할 수 밖에 없다. 이 십자가를 다듬던 중 그냥 투박함이 좋을 듯 하여 다듬기를 중단하고 〈나의 십자가〉로 삼았다.

"어떻게 살았느냐?"도 중요하지만 "어떻게 죽느냐?"도 못지않게 중요하다. 멋지고 화려한 삶을 살았더라도 그 죽음의 모습이 추하다면 그의 살아온 날들에 대한 평가도 달라진다. 삶이 아름다웠다면 죽음이 추할 수 없다.

나는 아름답게 죽을 수 있을까? 죽음을 순종함으로 받으려 한다고 늘 다짐하지만 정말 그럴 수 있을까? 그래서 나는 죽는 공부를 한다.

죽음이 가까운 내가 정신이 멀쩡하다면 굶어 죽어야겠다. 억지로 굶는 것은 그 무엇보다도 힘들겠지만 죽음의 그림자가 드리운 사람은 먹는 것이 굶는 것 보다 더 힘들다. 몸이 음식을 거부하니 굶는 것이 더 쉽다. 굶으니 힘이 없다. 힘이 없으면 아프지도 않다.

굶으면서 몸이 작아진다. 몸이 작아지는 만큼 맘이 커진다. 굶고 굶어서 가벼워진 몸으로 하늘에 오를 것이다. 새는 하늘을 날기 위해서 뼛속까지 비우지 않는가?

150_170mm

영성

140_200mm

기도에는 일정한 형식이 있을 수 없다. 간절하고 절실하면 기도이다. 근심과 걱정도 기도다. 하나님의 뜻을 묻는 것도 기도요 내 뜻을 하나님께 고하는 것도 기도다. 하나님의 도우심을 바라는 것도 기도요 하나님의 섭리를 기다리는 것도 기도다.

오래전 〈죽지 않는 개구리〉라는 이야기를 썼다. 이 이야기에 간절함을 담았다.

〈죽지 않는 개구리〉
 − 이 글은 『꿈꾸는 하나님 나라』한울, 2007의 서문입니다.

언제부터인지 우물 안에 개구리들이 살고 있다.

 "첨벙"

누군가가 우물 안으로 들어왔다. 우물이 생기고 처음 들어온 손님이다. 어떻게 해서 우물 안으로 들어오게 되었는지는 모른다. 처음 들어온 개구리는 두려움에 주변을 본다.
어둡다.
어둠 속에서 무엇인가가 가까이 온다.
하나둘이 아니다.
더욱 두렵다.
조금씩 주변이 보이기 시작한다.
자신보다 훨씬 작은 개구리 7−8마리, 착해 보인다. 조금씩 두려움이 사라진다.

우물 안 개구리들은 친절하다. 우물 안 구석구석을 안내해 주고 먹을 것도 먼저 챙겨 준다. 저 위 환한 곳에서 왔다 하여 두려워한다. 내 뒤를 졸졸 따라다니며 이것저것 묻는다.

개구리들 중에는 질투하는 놈들도 있는 것 같은데 직접 대드는 녀석은 없다. 그래서 나도 그냥 모르는 척 한다.

개구리는 행복했다. 밖의 세상에서는 항상 두려움에 떨어야 했는데 이곳은 그렇지 않다.

우선 뱀이 없다. 뱀이란 녀석은 정말 무섭다. 소리없이 다가와 통째로 삼킨다. 주둥이 긴 새도 없다. 그놈은 뱀보다 더 무섭. 개구리는 물론 뱀도 잡아먹는다.

자신보다 큰 개구리도 없다. 그 누구도 자신을 위협하지 않는다. 잠을 잘 때도 아무런 염려 없이 푹 잘 수 있다. 행복하다.

단 하나 조심할 것이 있다. 가끔 두레박이 내려온다. 어떤 때는 소리 없이 조용히, 또 어떤 때는 "풍덩" 큰 소리와 함께 내려온다. 이곳 개구리들은 그 두레박을 엄청나게 두려워한다. 엄청나게 크다. 그리고 엄청나게 큰 소리를 내면서 내려와서 물을 긷고는 엄청나게 무시무시한 모습으로 올라간다.

나는 두레박을 안다. 그래서 두려워하지는 않는다. 부딪치지 않도록 조심할 뿐이다.

어느 날, 두어 마리의 개구리가 조용하게 찾아왔다.

"하늘나라는 어떤 곳입니까?"

"하늘나라?"

아! 저들은 내가 하늘나라에서 온줄 아는구나. 하긴 그렇다. 나는 하늘에서 왔다.

하늘나라 이야기를 몇 가지 해주었다. 매우 진진하게 듣는다. 믿어지면서도 안 믿어지고, 안 믿자니 너무 사실적이기에 혼동이 되나보다. 나무, 꽃, 나비, 무지개 등을 이야기 할 때는 호기심이 가득하다. 뱀 이야기는 저들에게 너무 충격적인가 보다. 공포에 질린 모습들이 불쌍하기까지 하다.

저들이 돌아가고 난 후 많은 생각을 했다. 뱀 이야기는 괜히 했나 싶다. 사실 나도 뱀에 대해서는 잘 모른다. 뱀에 대한 이야기만 무수히 들었을 뿐이다. 딱 한 번 언뜻 뱀의 꼬리만 보았다. 그런데 그것이 정말 뱀의 꼬리인지 지금은 잘 모르겠다. 뱀의 얼굴을 똑바로 보고 살아남은 개구리가 있을까? 앞으로 뱀 이야기는 하지 말아야겠다.

며칠이 지났다. 한쪽 구석에 개구리들이 옹기종기 모여 있다. 전에 찾아왔던 개구리 중 한 마리가 그들에게 무엇인가를 열심히 말한다. 귀 기울여 들어보니 내가 들려준 하늘나라에 대한 이야기들이다. 그런데 내가 한 것보다 훨씬 실감나게 한다. 그리고 매우 과장되게 한다. 특히 뱀 이야기를 많이 하는데 너무 실감나고 아주 구체적이다. 그런데 깜짝 놀랄 이야기가 들린다. 그런 무시무시한 뱀을 내가 때려잡았단다. 나는 얼굴이 화끈거려 더 이상 있을 수 없었다. 부끄러움과 두려움에 얼른 그 자리를 피했다.

어느 날, 몇 마리의 개구리가 은밀하게 찾아왔다.

"어떻게 하면 하늘나라에 갈 수 있습니까?"

무슨 결심을 한 모양이다. 나에게 자신들을 하늘나라로 데려가 달란다. 나와 함께 가면 뱀도 이길 수 있는 줄 아는 모양이다. 단순한 제안이나 부탁이 아니다. 반은 협박이다.

그 중에 한 녀석은 제법 예리하다. 내가 자기들과 다를 바가 없는 개구리임을 아는 눈치이다. 나도 뱀을 잘 모르고 뱀 앞에서는 속수무책일 것임을 아는 듯 하다. 다만 말을 안 할 뿐이다.

나는 내 비밀을 아는 그 녀석이 한편 두렵지만 한편으론 오히려 그녀석이 매우 친근하다. 그녀석이 있기 때문에 나는 외롭지 않다. 나는 그 녀석에게 말했다. "너는 내 친구다" 그 말에 모두들 의아해 했다.

어느 날 나는 개구리들을 모아놓고 말했다.

"너희들 중에 하늘나라에 관심이 있는 이들이 있다. 관심은 있으되 감히 올라가지는 못하는구나. 나는 간다. 서둘러 나갈 것이다. 너희들에게 하늘나라는 단순한 호기심거리지만 나에게는 고향이다. 거기에 아버지가 있다. 형제들이 있다. 친구들이 있다. 사실 하늘나라는 나만의 고향은 아니다. 너희들도 거기에서 왔다. 내가 나가서 너희들이 살만한 좋은 곳을 마련하면 다시 오겠다. 와서 너희들을 데려 가겠다."

그 후로 우물 안 개구리사회에는 큰 소동이 일어났다. 가지 못하게 막아야 한다는 개구리들과 극히 소수이기는 하지만 따라나서겠다는 개구리들이 있다. 다시 온다고 했으니 믿고 기다리자는 개구리들도 있다.

이 우물에서 어떻게 나갈까? 그것이 가장 큰 문제였다. 여러 가지로 궁리했건만 뾰족한 수가 없다. 우물 벽은 너무 높고 미끄러웠다. 유일한 방법은 두레박을 타는 것이다. 그러나 그것은 매우 위험하다. 저 두레박은 사람들이 내려 보내는 것이니 두레박을 탔다가는 틀림없이 사람들에게 발각될 것이다. 나 하나 발각되어 죽는 것은 두렵지 않다. 그러나 나로 인하여 우물 안 모든 개구리들아 피해를 입을 수 있다. 그것이 걱정이다. 사람들은 자기들 영역에 다른 것들이 접근하는 것을 용납하지 않는다. 자기들이 먹는 물속에 개구리가 산다는 것을 저들은 참지 않을 것이다. 사람들은 우물 안 개구리들을 전멸시킬지도 모른다. 아니 그럴 것이다.

나는 참으로 많이 고민했다. 여러 날 아무것도 먹지 못했다. 도무지 먹을 수가 없다. 여러 날 잠도 자지 못했다. 몸은 나날이 야위어갔다. 비록 몸은 야위어도 정신은 더욱 바짝 긴장한다. 전혀 피곤치도 않고 힘에 부치지도 않는다.

깊은 생각을 하던 중 현기증이 났다. 하늘이 뒤집히는 듯했다. 그리고 정신을 잃었다. 시간이 얼마나 지났는지 모르겠다. 어렴풋이 하늘나라가 보인다. 내가 꼭 가야 할 하늘나라다. 하늘나라는 꽃이 만발하다. 먹을 것도 많다. 내가 좋아하는 잠자리가 하늘 가득 날아다닌다. 그런데 갑자기 그 많은 잠자리들이 뱀이 되어 달려든다. 깜짝 놀라 일어났다. 어딘지 모르겠다. 온통 칠흑 같은 어둠이다. 주변을 더듬었다. 벽이다. 힘껏 밀었다. 벽이 무너지며 빛이 쏟아져 들어왔다. 밖에 있던 개구리들이 소스라쳐 놀란다. 내가 죽은 줄 알고 무덤에 묻었단다.

그러던 어느 날 친구가 찾아왔다. 내가 "너는 내 친구다"라고 했던 그 녀석이다. 반가웠다. 속마음을 털어놓았다. 그녀석이 말했다.

"선생님, 나가십시오. 선생님의 뜻대로 하십시오. 주저하지 마십시오."

역시 친구답다. 내가 제대로 보았다. 다른 녀석들 같으면 울고불고 가지 말라고 했을 텐데 이 녀석은 나가란다. 이 녀석의 입을통해서 바깥세상이 나를 부르는 것 같다.

"너에게 이곳을 맡긴다. 내가 올 때까지 다른 개구리를 들을잘 돌보아라. 네가 죽기 전에 기필코 오리라."

날짜를 잡았다. 며칠 있으면 인간들의 명절이다. 그 때가 되면두레박이 자주 내려온다.

드디어 때가 왔다. 모두들 지켜보는 가운데 나는 두레박을 기다렸다. 다른 개구리들이 그토록 두려워하여 접근조차 못하는 두레박을 나는 타고 올라간다. 이것 하나 만으로도 나는 영웅이다.

두레박이 내려온다. 주저 없이 올라탔다. 두레박 가장자리에 앉아서 아래를 내려다본다. 개구리들이 불쌍하다. 하염없이 눈물이흐른다. 아래의 개구리들은 위를 올려 본다. 동그랗고 환한 하늘로 올라가는 나의 모습은 환상적일 것이다. 신비 그 자체일 것이다.

두레박이 올라가는 시간은 길지 않았다. 탁 트인 세상의 풀냄새가 온몸으로 밀려온다. 외마디 비명소리가 들려온다. 물을 길어올린 처녀아이의 비명 소리이다. 내가 무서워서 지른 비명이 아니다. 개구리가 우물 안에 있었다는 것에 놀란 것이다.

나는 정신없이 뛰었다. 바깥세상의 경치를 바라볼 여유가 없다. 냄새 맡을 여유도 없다. 그냥 뛰었다. 맨 처음 내 발에 닿는 촉감은 풀이 아니다. 흙도 아니다. 딱딱한 돌바닥이다. 돌바닥의 충격이 온 몸에 참을 수 없는 고통으로 전달되었다. 정신을 잃을 뻔했다. 무의식 속에 뛰었다. 풀이다. 풀 속에 닿았다. 좀 더 뛰었다. 그리고 정신을 잃고 쓰러졌다.

얼마 후 정신이 들었다. 온 몸이 쑤시고 아팠다. 두리번거렸다. 우물이 보였다. 주변에 여러 사람이 웅성거린다. 아마도 우물 속 개구리들을 어떻게 제거할까를 이야기하는 모양이다.

나는 우물 속 개구리들을 이끌고 가야 할 안전한 낙원을 구해야 한다. 그것이 내 사명이다.

사명이 있으면 아프지 않다. 죽을 수도 없다. 나는 그곳을 찾아서 정신없이 돌아다녔다. 죽을 고비를 수없이 넘겼다. 뱀도 여럿 만났다. 뱀의 얼굴도 똑바로 보았다. 정말 무서웠지만 "나는 절대로 죽을 수 없다"는 각오로 뱀을 노려보았다. 그러자 뱀이 피해갔다.

드디어 찾았다. 참 좋은 곳을 찾았다. 이제는 우물 속 개구리들을 이끌고 나오면 된다. 얼마나 안전하게 탈출하느냐가 문제이다. 목숨을 건 탈출일 것이다. 그래도 해야 한다.

우물가에 도착했다. 그런데 이게 웬일인가? 우물은 있는데 우물에는 두꺼운 콘크리트 뚜껑이 덮여 있다. 그 안에서는 '윙~윙' 모터 소리만 들린다. 조금 떨어진 곳에 수도꼭지가 여럿 있는 곳에서 사람들이 물을 받는다. 아무리 둘러보아도 우물 속으로 들어갈 틈이 없다.

"우물 속 개구리들은 어찌되었을까? 아직 살아있을까? 살아 있다면 빛 한줄기 없는 우물 속에서 어찌 살까? 아직도 날 기다리고 있을까? '다시 온다'는 내 약속을 아직도 믿고 기다리고 있을까?"

나는 그곳을 떠나지 못한다.

나는 아프지 않다. 아니 아플 수 없다.

죽지 않는다. 아니 죽을 수 없다. 꼭 해야 할 일이 있기 때문이다.

나는 개구리, 죽지 않는 개구리, 내 나이가 몇인지 모른다. 세는 것도 잊었다.

언잰가는 돌아가리라 꼭 돌아가리라. 가서 저들을 구해 내리라. 그 때까지 나는 죽지 않는다.

* * *

그분이 떠났다. 모두가 지켜보는 가운데 하늘로 올라갔다. 그분이 떠날 때 하늘에서는 무시무시한 소리가 들렸다. 검은 물체들이 무수히 그림자를 드리웠다.

그리고는 한참의 적막이 흘렀다. 두레박이 내려왔다. 전에 본 것보다 몇 곱절 더 크다. 그분이 가기 전에 말씀한 대로다. 재앙이 임한 것이다. 우물물을 무시무시하게 휘 젓고는 물을 퍼 올린다. 다시 내려와서는 역시 무시무시하게 휘저으며 물을 퍼 올린다. 물이 줄어든다. 거의 바닥을 드러낼 때까지 물이 줄어들었다. 그동안 개구리들은 그분이 지명한 개구리의 지시하는 대로 꼭꼭 숨었다. 몇 마리의 개구리가 무섭게 휘저으며 퍼 올리는 두레박에 쓸려 올라갔다.

물이 다시 차올랐다. 우물은 예전의 모습을 회복했다. 그러나 더욱 무시무시한 일이 일어났다. 하늘이 사라진 것이다. 큰 소리를 내면서 하늘이 점점 줄어들더니 이내 사라지고 말았다.

어둠이 계속된다. 빛 대신에 "윙~윙" 하는 소리가 우물 속을 꽉 채웠다. 이제는 두레박도 내려오지 않는다. 시간이 멈추었다. 우물 속은 온통 밤이다.

"윙~윙" 소리가 날 때는 그 소리에 묻혀서 아무 소리도 들리지 않는다. 개구리들은 그 소리에 익숙해졌다. 그 소리가 멈추면 너무 조용하다. 가끔 우물 벽 어딘가에 맺혀있던 물방울이 떨어지는 소리가 우물 안의 적막을 깬다.

어둡고 긴 밤이 지속된다. 그러나 아무리 어둡고 긴 밤이 지속되어도 개구리들에게는 희망이 있다. 그분이 다시 오신다는 희망이다.

어제 늙은 개구리 하나가 죽었다. 벌써 개구리 여러 마리가 죽었다. 얼마 전에는 그분이 지명한 개구리도 죽었다. 죽는 순간까지도 그분이 오기를 간절히 기다렸는데 그분은 끝내 오시지 않았다.

그가 유언을 남겼다. 자기는 잠을 잔다고 했다. 그분이 오시는 날 깨어날 것이라 했다. 개구리들은 모두 그 개구리의 말을 믿는다. 어제 죽는 늙은 개구리도 똑같은 말을 했다. 자기는 잠을 잔다고, 그리고 그분이 오시는 날 깨어날 것이라고.

우물 안 개구리들은 결코 죽지 않는다. 기다림이 있기에 죽을 수 없다. 깊은 잠을 잘 뿐이다. 오늘 또 한 마리의 개구리가 깊은 잠을 잔다.

200_450mm

내용 없는 말을 지껄이는 이,
정리되지 않는 생각을 꺼내놓는 이,
그가 문득 사랑스러워 질 때
내 십자가에는 금 하나가 새겨진다.

아내는 연민으로 스쳐가고
자식은 배에 염려를 구겨 넣는다.
어머니는 내 눈가를 물들이고
아버지에 대한 기억은 가슴 깊은 곳에서 신음을 일으킨다.
내 십자가에는 금 하나가 또 새겨진다.

어린아이를 밝은 목소리로 유치원 버스에 태웠는데
돌아서는 젊은 엄마의 얼굴이 어둡다.
그 얼굴에 얼룩진 기미를 볼 때 소망 없는 미래를 본다.
내 십자가에는 금 하나가 또 새겨진다.

세월은 얼굴에 주름을 만들고
사랑은 맘에 슬픔을 만들지.
욕망은 기억에 후회를 남기고
미움은 기억의 평면 속에 어두운 그림을 그려놓는다.
내 십자가에는 금이 또 새겨진다.

120_130mm

밥이라는 것은 참 이상하다 세상에 밥만큼 맛없는 것이 없다. 밥만 먹으면 반 그릇도 먹기 힘들다.

밥이라는 것은 참 이상하다. 세상에 밥만큼 맛있는 것이 없다. 밥은 평생을 먹어도 질리지 않는다.

밥이 질리지 않는 것은 밥이 맛이 없기 때문이다. 밥은 맛이 없기에 맛이 강한 다른 음식들과 함께 먹어야 먹을 수 있다. 맛없는 밥이 있어야 그 위에 맛난 반찬을 올릴 수 있다. 맛없는 밥 없이 어찌 맛깔스런 게장이 맛을 내고 잘 익어 감칠맛 도는 김치가 맛을 낼 수 있겠는가? 흰 바탕이 주어진 다음에야 그 위에 그림을 그릴 수 있다. 고요함이 바탕이 되어야 거기에 아름다운 선율이 흐를 수 있다.

내가 십자가를 만든다. 십자가는 손재주로 만드는 것이 아니다. 손재주라면 나보다 월등한 이들이 얼마든지 있다. 내가 십자가를 만들 수 있는 것은 나에게 흰 바탕과 고요함이 있어서다.

270_330mm

아름다운 꽃은 보기만 해야 한. 소유하려고 꺾으면 죽는다.

선은 감추어야 한다. 자랑하면 사라진다.

용기도 감추어야 한다. 드러내면 만용이고 폭력이 된다.

아름다운 여인도 보기만 해야 한다. 예쁘다고 품으면 ….

하나님 나라는 꿈꾸는 것,

"이루었다" 하면 그 순간 깨어져야 하는 우상이 되고 독재가 된다.

모세에게 꿈이 있었다. 히브리인들을 해방하고 평등과 평화의 세상을 만드는 꿈.

아모스에게도 꿈이 있었다. 정의가 강같이 흐르는 세상.

예수님께도 꿈이 있었다. 하나님나라가 다가오는 꿈.

초대교회 교우들도 꿈을 꾸었다. 주님께서 다시 오시는 그날.

선지자들과 예수, 그리고 제자들이 꿈꾸었던 하나님나라는 이루어졌는가?

이루어질 수 있는 꿈이 아니다.

꿈은 끊임없이 확장되고 이어지는 것,

이루어 질 수 없기에 영원한 꿈이다.

북극성이 뱃사람들의 길잡이가 될 수 있는 것은 가도 가도 도달할 수 없기 때문이다.

꿈은 제 스스로 꾸는 것이 아니다.

하나님으로부터 꾸어온 것, 하나님이 꾸어주시는 것이 꿈이다.

잡을 수 없고 소유할 수 없는, 잠시 후 사라지지만 꼭 필요할 때 나타나는,

그래서 아름다운 무지개처럼.

신학생 때, 학교 담장 넘어 단독주택에 세 들어 자취하는 선배 내 집에 자주 드나들었다. 어느 날 그 곳을 넘어 오는 모습을 어느 선생님이 보시고는 말씀하신다.

"사람이 길로 다녀야지"

내가 대꾸하였다.

"길이 따로 있나요 사람이 다니면 길이지요"

하였더니 매우 위험한 생각이라 하셨다. 졸업하고 몇 년 후 학교에 갔다가 그 선생님을 만났다. 그 선생님이 물으셨다.

"자네 아직도 그렇게 생각하나?"

"무엇을 말입니까?"

"사람이 다니면 그것이 길이라는 생각 말일세."

"아닙니다. 그래서는 안 되지요" 하였다.

인생에 지름길이 있을까? 인생을 여행에 비한다면 가는 길 오는 길이 다 여행이다. 많은 이들이 여행을 떠나면서 어떻게 하면 목적지에 빨리 갈까 하고 지름길을 찾는데 어리석은 짓이다. 여행을 떠나는 이는 여행 자체가 목적이지 그 어느 곳이 목적일 수 없다. 그 어느 곳은 여행의 부분일 뿐이다.

100_190mm

사람은 마땅히 사람 가는 길을 가야 한다. 中庸^{중용}에 이르기를 "誠者 天之道也 誠之者 人之道也 참은 하늘가는 길이요 참 되려고 하는 것은 사람 가는 길이다." 했다. 하늘가는 길과 사람 가는 길이 다르지 않다. 마땅히 사람 가는 길을 가다보면 그 길이 하늘가는 길이다.

하나님께 살려 달라고 기도하는 것은 엉뚱한 짓이다. 하나님 앞에는 죽은 이가 없다. 육신을 가진 이와 육신을 벗어난 이가 있을 뿐이다. 하나님 앞에는 아브라함도, 이삭도, 야곱도 살아있고 모세도 살아있고 나도 살아 있다. 그런데 살려 달라고 매달리면 얼마나 엉뚱한 일인가?

죽을병 걸린 사람이 다급한 나머지 "이번 한번만 살려 주십시오. 살려 주신다면 … 하겠습니다." 한다. 그러나 용케 죽지 않고 살아나면 언제 그랬느냐는 듯 쉽게 잊고 만다. 그가 거짓말한 것은 아니다. 그는 그 때 정말로 그런 마음으로 그런 말을 했을 것이다.

이제까지 쭉정이로 남아 있다가 추수 때가 되어 밑동이 잘릴 위기에 처하니 조금만 기다려 달라고 한다. 그러나 추수를 늦춘다고 쭉정이가 알곡 되지는 않는다. 죽음의 그림자가 덮일 때 살려 달라고 하는 것 자체가 불신앙이다. 하나님도 모르고 성경도 모르고 인생도 모르는 필부에 불과하다.

예쁜 꽃을 보았다. 만져 보았다. 생화가 아닌 조화다. 실망한다. 생화가 아닌 조화라는 것을 아는 순간 그 예쁜 꽃에 대한 감정이 반으로 줄어든다. 꽃의 소중함도 반으로 줄어든다. 언제든지 싱싱한 것 같은 조화는 그 영속성 때문에 그 아름다움도 가치가 적다. 꽃이 아름다운 것은 곧 시들기 때문이다. 젊음이 아름다운 것은 곧 늙기 때문이다. 인생이 소중한 것은 죽을 존재이기 때문이다.

불교는 영원히 윤회하자는 것이 아니다. 윤회에서 벗어나자는 것이 불교다. 생로병사가 거듭되는 윤회라는 것은 한없는 고통이니 거기에서 벗어나는 것이 해탈이다. 그런데 어리석은 불자들은 해탈에는 관심 없고 윤회에서 위로를 받는다. 자신이 소멸되지 않고 계속된다는 것에 위로를 느끼는 것이다.

기원전 28세기경 우루크의 왕 길가메시가 있었다. 절친한 친구의 죽음에 충격 받은 길가메시는 온갖 어려움을 겪은 후에 삶과 죽음의 비밀을 깨달았다. 길가메시는 말했다.

"신들이 인간을 창조했을 때, 그들은 인간의 몫으로 죽음을 주었으며, 생명은 자신들이 가졌다."

피할 수 없는 죽음, 그것이 길가메시의 결론이다. 그러나 나는 생각을 좀 달리한다. 비록 길지 않은 삶을 살았지만 나도 나름대로 삶과 죽음에 대해서 생각한 바가 있다.

"신들은 영생을 차지하고 인간에게는 죽음을 주었다면, 신들은 선택을 잘못한 것이다. 시들지 않는 꽃은 꽃이 아닌 것처럼 죽음이 없는 삶은 삶이 아니다. 죽음이 없는 삶은 삶이 아니기에 신은 살았다기 보다는 죽은 존재, 신은 존재하지 않는다."

내가 신을 모독했는가? 신은 지혜로운데, 그리고 선한데, 마땅히 지혜로워야 하고 마땅히 선해야 하는데 그런 신이 자신은 좋은 것을 차지하고 인간에게는 나쁜 것을 주었을 리는 없다. 그러면 이래야 할 것이다.

> "신들은 자신들이 창조한 인간을 지극히 사랑하셔서 인간의 몫으로 죽음을 주었으며, 영원한 저주인 영생은 자신들이 가졌다."

육체의 몸으로 영원히 산다는 것은 아무리 생각해도 절망이다. 그러면 영혼이 영원히 사는 것은 어떠한가? 그것도 절망이기는 마찬가지다. 영혼불멸은 좋은 것이 아니다. 영원한 형벌이다.

촛대를 만들고 그 위에 십자가를 세웠다. 초에 불을 붙이면 미련 없이 타버릴 십자가, 십자가와 함께 소멸될 것을 소망한다.

100_170mm

같은 말이라도 누가 하느냐에 따라서 말의 무게가 다르고 의미가 다르고 진위가 다르다. 바울선생은 말씀하셨다.

"이 후로는 누구든지 나를 괴롭게 하지 말라 내가 내 몸에 예수의 흔적을 지니고 있노라." 갈6:17

아!

누가 감히 이렇게 말할 수 있을까?

오로지 예수에 붙들린 이라야 이런 말을 할 수 있다.

온전히 예수 말씀대로 사는 이라야 이런 말을 할 수 있다.

예수로 인하여 숫한 고난을 당한이라야 이런 말을 할 수 있다.

320_630mm

박경리의 『토지』에서 송영광이 하는 말이다.

"그럴듯하게 치장하고 화려한 무대에서 연주할 때 관객들은 환호합니다. 열광합니다. 껍데기만 보구요. 껍데기를 벗어버린 무대 뒤가 얼마나 살벌한지 아십니까? 추악한 일들, 더러운 몰골들이 여기저기 웅크리고 있습니다. 지분으로 떡을 쳐서 청중의 인기를 독차지한 가수가 무대 뒤에선 임자 없는 추녀라든지, 많은 사람의 사랑을 한 몸에 받는 여배우기 기둥서방한테 머리채를 잡힌 채 지갑 바닥까지 털어야 했다든가, 인생이란 따지고 보면 본시 그런 모습, 으스스하고 을씨년스럽고 과히 아름다울 것도 없는, 그게 삶의 현실 아닐까요? 대체 신성한 곳은 어디 있습니까?"

목회자의 삶도 그럴 수 있다. 내면을 채우지 못하고서 대중 앞에 선다면 그 채우지 못 한 만큼 목회자의 삶은 광대의 삶이다.

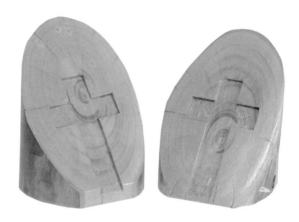

120_100mm

사람은 사람답게 살아야 사람이다. 그러나 우리의 삶이 그렇게 만만한 것이 아니다. 특히 극심한 기근이나 전쟁의 때에는 죽음의 위험에 직면하게 된다. 가깝게 우리는 1950년 한국전쟁을 겪으면서 그러한 모습을 많이 보았다.

"살기 위해서 사람을 죽였다."
"살기 위해서 자식을 팔았다."
"살기 위해서 몸을 팔았다."
"살기 위해서 친구를 배반했다."

이런 "살기 위해서 그랬다."는 항변 앞에서 우리는 할 말을 잊는다. 그리고 우리는

"그의 잘못이 아니다. 세상이 그를 그렇게 만들었구나."

하고 합리화 한다. 이러한 마음을 남에게만 적용한다면 다행이지만 대부분의 사람들은 그것을 자신에게도 적용한다.

살기 위해서 했다면 그것이 무슨 짓 이던지 용납될 수 있을까? 결코 그럴 수 없다. 사람은 마땅히 사람답게 살아야 사람이다. 사람이기 때문에, 사람답게 살기 위하여 사는 것을 포기 할 수 있는 것이 사람이다. 사람답기 위해서 죽을 수 있는 것이 사람이다. 사람다움이란 차마 할 수 없는 것을 하지 않는 것, "하는 것이 아니라 하지 않는 것"이다.

내 안에 십자가를 품고 〈사람다움의 십자가〉라 이름 지었다. 이 건 십자가라기보다는 십자가를 품은 사람의 맘이다.

사회

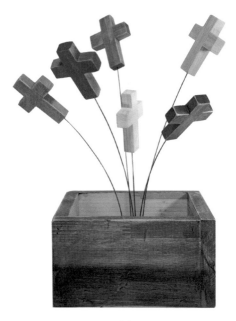

250_360mm

『삼국사기』를 읽는다. 나의 맘을 붙잡은 것은 "백성들이 굶주렸다"는 기록이다. 그러한 기록이 수도 없이 많다. 그 중에서도 "백성들이 굶주려 서로 잡아먹었다"는 기록들도 심심치 않다.

- 백제 온조왕 33년^{서기 15년}, 큰 가뭄이 들었다. 백성들이 굶주려 서로 잡아먹었다.
- 백제 기루왕 32년^{109년}, 봄과 여름이 가물어 흉년이 들었다. 백성들이 서로 잡아먹었다.
- 백제 비류왕 28년^{325년}, 흉년이 들어 사람들이 서로 잡아먹었다.
- 백제 동성왕 21년^{499년}, 여름에 큰 가뭄이 들어 백성들이 굶주려서 서로 잡아먹었다.
- 고구려 봉상왕 9년^{300년}, 비가 오지 않았다. 흉년이 들어 백성들이 서로 잡아먹었다.
- 고구려 소수림왕 8년^{378년}, 가뭄이 들고 백성들이 굶주려 서로 잡아먹었다.
- 고구려 고국양왕 6년^{389년} 기근이 들어 사람들이 서로 잡아먹었다.
- 신라 눌지왕 4년^{420년}, 백성이 굶주려 자손을 파는 자가 있었다.

이러한 역사기록들이 수없이 많건만 오늘날 역사를 말하는 이들은 왜 그것을 주제로 삼지 않을까? 중·고교 역사교과서에 왜 이런 이야기가 없을까? 있더라도 왜 그렇게 비중이 작을까? 너무나 흔한 일이고 너무나 흔한 기록들이기에 그런가보다. 민중의 고통을 이야기 하지 않는 역사는 거짓이다. 사기다. 범죄다.

사람이 사람을 잡아먹을 정도의 기근이 어디 한반도에서만 일어난 일이겠는가? 전 세계, 사람이 사는 곳이면 어디에서나 있었던 일이다. 과거에만 있었던 일이겠는가? 지금도 지구촌에서는 하루에 3만 명 이상이 기아로 죽어가고 있다.

"역사에는 하나님의 뜻이 있다"고 한다. 그런데 도대체 사람이 사람을 잡아먹는 끔찍한 기근의 역사에서 어떻게 하나님의 뜻을 찾는단 말인가? 아! 하나님이 살아 계시기는 한 것인가? 살아 계시다면 어찌 이리 끔찍한 일들이 일어날 수 있단 말인가? 굶주려 서로 잡아먹는 이들이 큰 죄를 지어서 그런가? 오히려 악인들에게 한없이 수탈당한 불쌍한 민중들일 터인데, 그들의 비참함속에서 어찌 하나님의 선하심을 노래하고, 하나님의 정의로운 심판을 찾으란 말인가?

그럼에도 불구하고 어쩔 수 없이 하나님의 뜻을 찾아야 한다면 찾아야지요. 누구 조금이라도 입이 열리는 사람은 말해 주오. 제발 그리해 주시오.

···········

고운 흙이 아니
비좁은 바위틈도 아니
되 속에 피었구나

말해 보렴
네가 꽃이 된 내력을

140_180mm

예수의 가르침은 로마의 콘스탄틴 이후 강자, 승자의 가르침이
되었다. 예수의 가르침은 약자의 가르침이기에 승자의 논리로는
해석되지 않는다. 억지로 해석한다면 그 가르침은 심하게 왜곡되
지 않을 수 없다. 자본주의를 성서의 경제원리라고 한다. 부와 권
세를 하나님의 축복이라 한다. 약하고 가난함을 불신앙과 불순종
의 결과라고 한다. 그리고 복음을 침략주의, 제국주의의 도구로
삼았다.

한반도에서 짐승중의 최강자는 호랑이었디. 그러나 호랑이는
이 땅에서 자취를 감춘 지 오래이지만 약자였던 토끼, 고라니 등
은 여전히 살아 산천을 누빈다. 예수의 가르침은 약자의 가르침
이다. 예수는 십자가에 죽었고 그의 제자들도 대부분 그렇게 죽
었다. 그러나 약자의 가르침이기에 토끼나 고라니처럼 약자 속에
퍼져나갔다.

내 손으로 만든 이 십자가, 기계를 사용하지 않고 톱과 끌과 사
포로만 만들어 각별한 십자가다. 그런데 실망이다. 작지만 우람하
고 강해 보인다. 왕좌에 앉아서 세상을 호령하는 듯하다. 사랑과
연민, 용서, 희생 과 같은 모습은 보이지 않는다. 불쾌한 마음에
불속에 집어넣으려 했지만 차마 그리하지 못하고 "너는 기독교의
사생아다."는 의미를 담아 〈제국의 십자가〉라 이름 하였다.

230_480mm

농사일은 아무리 해도 돈이 안 된다.
그래도 밥은 먹는다.
나도 먹고 남도 먹인다.

사람이 있고 땅이 있고 흙이 있으면
마땅히 해야 하는 것,
天職이다.

――

이 십자가는 소박하다.
그냥 농부 같다.

320_630mm

탱탱하던 피부는 나무껍질같이 거칠어지고 늘어졌다. 눈빛은 흐려지고 손발의 근육은 힘을 잃었는데 다시 새로워질까?

심하게 뒤틀린 나무가 세월이 가면 온전해 지고 곧아질까?

한번 뒤틀린 인생이 바로 잡힐까?

너무 착하고 너무 순박하여 손발의 수고로만 살아가는 가난한 민중의 삶이 풍요롭게 될까?

어림없는 일이다. 일찍이 그런 일이 없었다.

그러나

장구한 역사를 두고 본다면

뒤틀린 나무에서 곧은 새싹이 나오고

뒤틀린 인생도 바로잡힐 수 있으며

아무 소망이 없다는 늙은이의 품에서

곱디고운 아기가 재롱 핀다.

그리고 미꾸라지가 용 되는 것이 역사다.

하늘이 하시는 일이 그것이다.

> "모든 골짜기는 메워지고 높은 산과 작은 언덕은 눕혀져 굽은 길이 곧아지며 험한 길이 고르게 되는 날 모든 사람이 하느님의 구원을 보리라" 누가복음 3장

> "휘면 온전해 지고, 굽으면 곧아지고, 파이면 채워지고, 낡으면 새로워지고, 적으면 얻게 되고 많으면 미혹을 당한다." 노자 22장

390_620mm

헤라클레스가 황금 사과를 구하기 위하여 어느 아리따운 요정에게 길을 묻는다. 요정이 대답한다.

"저희 입으로 그 길을 가르쳐드릴 수 없습니다. 하늘에는 비록 아무것도 없는듯하나 저희가 입 밖에 낸 말 한마디 새어나갈 데가 없습니다."

노자에도 비슷한 이야기가 있다.

"하늘 그물은 엉성한 것 같지만 빠져나가는 것이 없다.
天網恢恢, 疏而不失천망회회 소이불실 " ‒노자 73장 ‒

촘촘하여 빈틈이 없어 보이는 세상법망이지만 빠져나갈 놈들은 다 빠져나간다. 혹 재수 없이 걸려들어 죄 값을 치르는 놈들은 그래도 복 받은 놈들이다. 죽을 때까지 걸려들지 않은 놈들은 장차 하늘그물에 걸려 그 죄 값을 어떻게 치를 것인가? 공자는 말했다.

"하늘에 죄를 지으면 기도할 곳이 없다.
獲罪於天 無所禱也 획죄어천 무소도야" ‒논어 팔일 13장‒

310_630mm

헤라클레스와 아이게이아스왕이 계약을 한다. 계약에 증인이 필요하다. 자신이 유리하다고 확신한 아우게이아스왕은 스틱스강을 증인으로 하던지 제우스신을 증인으로 하자고 한다. 그러나 헤라클레스는 아우게이아스 왕의 아들 필레우스를 증인으로 하자고 한다. 아우게이아스왕은 어이가 없었다. 필레우스는 자신의 아들이니 공정한 증인이 될 수 없다고 생각한 것이다. 그러나 헤라클레스는 말했다.

"필레우스 왕자는 젊습니다. 그러니 그의 양심도 젊습니다. 젊은 양심은 그 무엇보다도 무서운 증인입니다."

헤라클레스는 임무를 완벽히 수행했다. 그러나 교활한 아우게이아스왕은 약속을 이행할 뜻이 없었다. 그는 아들에게 위증을 요구했다. 그러나 필레우스 왕자의 젊은 양심은 아버지의 뜻에 동의할 수가 없었다.

아! 젊음이여, 순수하여라. 정의로워라. 비록 그 아비는 불의하고 교활하여도 아들의 젊음이 그것을 이기는구나. 젊음의 특권은 아름다움과 패기가 아니다. 정의로울 수 있음이 특권이다. 불의를 거부할 수 있음이 특권이다.

...

기성세대는 살기 위해서, 가난을 벗어나기 위해서, 출세를 위해서 정의로움을 버리고 살았다. 옳은 것을 옳다하지 못하고 그른 것을 그르다고 하지 못했다. 역사청산을 하지 못했고 불의한 권력과 불의한 재물에 눈을 감았다. 그렇게 살아왔음에도 불구하고 그것을 당연시 하고 부끄러움도 모른다.

　청년이여, 아름답고 유능하고 정의로운 그대들이 일자리를 찾아 헤매다가 그나마 찾은 일자리라는 것들이 박봉에 허접한 일자리가 대부분이구나. 청춘남녀가 때가 되면 짝을 이루어 새 세대를 생산해야 되건만 그것마저 박탈당한 세대여, 일자리가 없고 거할 곳이 없어 짝을 이루지 못하는구나. 청년들이여 기성세대의 추함을 거울삼아라. 아무리 어려워도 청년의 특권인 정의로움을 포기하지 말라. 그 정의로움으로 말미암아 필레우스 왕자처럼 큰 어려움을 당할 수도 있겠지만 그것이 희망이 구체화 되는 새 세상을 이루는 힘이 될 것이다.

모택동이 1927년에 이런 말을 했다.

"혁명은 저녁 만찬이나 한 편의 에세이를 쓰는 것이나 그림을 그리는 것, 또는 수를 놓는 것이 아니다. 혁명은 그렇게 세련될 수도, 한가할 수도, 우아하고 절도 있고, 친절하고, 예의 바르고, 자제할 수도, 관대할 수도 없다. 혁명이란 한 계급이 다른 계급을 전복시키는 폭력행위며 반란행위다."

조정래의 〈태백산맥〉에서 정하섭이 말한다.

"혁명, 그 실체는 무엇인가.… 혁명은 치열하며, 외로우며, 희생의 피를 먹고 피어나는 꽃이라야 하는 것이다. … 한 송이 꽃이 피어나기 위해서는 꽃나무도 혁명의 과정과 같은 고통을 … 혁명이 아름다워? 그래 혁명의 과정에서 겪는 쓰라림과 고통과 절망과 아픔 같은 것들의 다음에 오는 혁명의 성공, 그것은 얼마나 기막힌 아름다움이랴. 기쁨의 함성과 승리의 깃발이 한 덩어리 되어 물결치는 새 세상, 그것이야말로 얼마나 찬란하고 눈부신 아름다움인가. 그것은 바로 인간들이 피워낸 인간의 꽃이다."

혁명해서 어쩌자는 것인가? 민중들에게 정치혁명은 큰 의미가 없다. 민중에게는 경제혁명이 필요하다. 물론 정치혁명과 경제혁명이 뚜렷이 구별되는 것은 아니다. 정치혁명이 없이는 경제혁명도 있을 수 없다. 그러나 정치혁명이 꼭 경제혁명을 수반한다고

380_770mm

할 수는 없다. 정치혁명은 되었는데 경제혁명은 이루어지지 않을 수 있다. 그렇다면 민중들에게 혁명은 의미가 없다.

경제혁명, 어떻게 할 것인가? 정치권력이 하지 못한다. 정치권력이 민주적이라 하더라도 한계가 있다. 민중이 스스로 해야 한다. 아주 구체적이고 실질적인 방법이 있다. 내가 줄기차게 주장하는 바이다.

"대기업 상품 보다는 중소기업 상품을 이용합시다. 대형유통회사 보다는 동네 가게를 이용합시다."

옛날 혁명은 총과 칼로 하고 폭력과 살인으로 했겠지만 오늘날에는 그럴 수 없다. 혁명은 일상생활로 해야 한다. 그래야 지속될 수 있고 성공할 수 있다.

500_120mm

자유와 평등은 인간 사회에서 매우 소중한 개념이다. 어느 것도 소홀할 수 없다. 그런데 자유와 평등은 서로 상대되는 개념이다. 평등을 강조하면 자유가 억압된다. 자유를 강조하면 평등이 깨진다. 사람이 사람답게 사는 사회는 자유와 평등이 조화를 이루는 사회다.

공자선생 말씀하시기를 "나라나 가문을 가지고 있는 자는 그 적은 것을 염려하지 않고 균등치 못함을 염려하며, 가난한 것을 염려하지 않고 불안한 것을 염려한다. 대개 균등하면 가난이 없고, 평화하면 적지 않고, 안정되면 기울지 않는다." - 논어 계씨 1장 -

노자선생님 말씀하시기를 "하늘의 도는 남는 데서 덜어내어 모자라는 데에 보태지만 사람의 도는 그렇지 않아 모자라는 데서 덜어내어 남는 데에 바친다." 노자 77장-

성서는 말씀하시기를 "모든 골짜기는 메워지고 높은 산과 작은 언덕은 눕혀져 굽은 길이 곧아지며 험한 길이 고르게 되는 날 모든 사람이 하느님의 구원을 보리라." -누가복음 3장 -

우리사회를 시장이라 한다면 개인의 욕망을 채우기 위한 노력이 자유롭게 펼쳐지는 곳이다. 그리고 시장이 지속되려면 시장 구성원들이 시장을 받쳐 줄 힘이 있어야 하고 공정한 법과 규칙이 적용되어야 한다. 개인의 자유와 사회의 평등이 보장될 때 사회는 유지되고 발전한다.

시장은 마땅히 자유와 평등이 조화를 이루어야 한다는 생각을 십자가로 표현했다. 시장 안에 정치가 있다. 철학이 있다. 꿈이 있다. 학교가 있다. 교회도 있다.

십자가를 만들다 보니 사람과 십자가가 너무 닮았다는 것을 실감한다. 시장에 모여든 모든 사람들이 다 제 십자가를 지고 있다.

하나님 앞에 선민이라는 것이 있을까?

제각기 자신들이 선민이라 자부할 뿐 선민은 없다.

예부터 유대인들은 자신들이 선민임을 자부했던 것을 누구나 다 아는 바다.

미국인들은 하나님께서 자신들에게 주신 명백한 운명이 있다고 한다.

중국인들은 자신들이 세상의 중심이라고 한다.

독일 나치정권은 우수한 게르만민족이 세계를 지배해야 한다고 했다.

정도만 다를 뿐 선민사상은 거의 모든 나라와 민족이 공통으로 가지고 있다.

선민사상은 참으로 무지하고 유치한 모습이다. 조금만 생각해도 그것이 얼마나 자기중심적이고 편협한 생각임을 단박에 알 수 있는데 어리석고 무지한 민중들은 그것을 모른다. 그것을 안다는 이들도 이런 저런 이유로 자민족 우월주의에 편승하여 목적을 이루고자 하니 더욱 괘씸하다.

그것을 일찍이 간파한 성현들은 그러한 민족우월주의를 거부하고 좀 더 폭넓은 인류애를 말씀하시고 있다. 구약성서에는 유대인들의 뿌리 깊은 선민사상도 들어있지만 편협한 민족의식을 넘어

320_520mm

인류애를 이야기 하는 내용도 적지 않다. 중국의 경우도 중화사상만 있는 것은 아니다.

한국역사를 공부하면서 안타까운 것이 있다. 어떤 이들은 우리 민족이 한없이 잘났다고 한다.

반면 어떤 이들은 우리 민족의 나약함을 지적한다. 홀로 설 수 없기에 중국에 기댈 수밖에 없었다고 한다. 평화시기에는 당파싸움으로 세월을 보내다가 결국 나라까지도 일제에 넘겼다고 한다. 일제가 나쁜 것이 아니라 우리가 못나서라고 한다. 오늘날에도 내 힘으로 나라를 지킬 수 없으니 초강대국 미국의 도움이 없어서는 안 된다고 한다.

한때 우리나라는 강대했던 것도 사실이고 나약했던 것도 사실이다. 그러나 그것이 강대해서 잘났고 나약해서 못났다고 해서는 안 된다. 강하고 약한 것은 잘나고 못난 것과는 아무런 관계가 없다.

어느 나라, 어느 민족이던지 못난 나라와 민족은 없다. 지금 잘났다고 자부하는 앵글로 색슨족은 그 존재조차도 희미했던 야만인 중에 야만인이었다. 지금 미국을 비롯한 소위 서방국가들로부터 심한 견제를 당하고 있는 이란인들은 한때 세계 최고의 문명을 자랑했던 페르시아의 후예들이다. 이라크인들은 함무라비법전을 만든 바벨론의 후예들이다. 관광객들이 흘리고 가는 푼돈으로 근근이 연명하는 이집트는 지금도 불가사의라 할 거대한 피라미드를 4,200년 이전에 건설했던 경이로운 민족이다. 철학과 신화의 나라 그리스는 현재 유럽의 빈국으로 존재가 미미하다. 동로마제국을 멸망시키고 오랫동안 유럽을 공포에 떨게 한 터키는 그 많던 영토를 대부분 잃고 유럽에 비위를 맞추며 유럽연합에 가입하려고 애쓰고 있다. 지금 지극히 가난하고 문명이 뒤떨어져 있는 아프리카, 그곳이 현생인류의 발상지라는 것은 모두가 인정하는 바다.

지금 세계는 어떠한가? 불과 2백 수 십년의 역사를 가진 미국이 세계 초강대국으로 횡포를 부리고 있다. 그러니 지금 부강한 나라라고 영원할 수 없고 지금 약하고 가난한 나라들이 또한 영원히 그러할 수 는 없다.

나라와 민족을 단순하게 평가할 수 없다. 남한과 북한은 같은 역사, 같은 문화, 같은 언어를 사용하는 분명한 동족인데 너무 다르다. 남한은 자존심을 버리고 실리를 택했다면 북한은 비록 가난하지만 초강대국인 미국을 상대로 자존심 꿋꿋이 지키고 있다. 그러니 어떻게 하나의 민족을 간단하게 정의할 수 있겠는가?

관계

170_360mm

십자가가 내게 안부를 묻는다.

"안녕?"

300_260mm

내 딸들이 초등학생 때, 강원도로 가족여행을 다녀왔다. 그 때 찍은 카메라 사진이 거의 유일한 가족사진이다. 언제 번듯한 가족 사진 하나 찍어야지 하는 마음은 있었지만 여유가 없었다. 딸들이 품을 떠난 후에는 만날 여유가 없다. 딸들이 결혼할 때 되면 자연스레 가족사진 찍을 수 있으리라 기대한다.

이 십자가의 모습이 꼭 가족사진 같다. 우리 가정의 가장은 주님, 딸들도 내 딸이 아니라 주님의 딸. 그래서 이렇게 기도했다.

"주님, 당신의 딸들이오니 당신의 뜻대로 하소서."

이제 장성한 딸들, 내 딸들에게 속으로 이렇게 말한다.

"아비걱정 하지 말라. 나도 주님의 자녀이니 주님이 뜻대로 하실 것이다."

180_220mm

가깝다면 한없이 가까운 님
멀다면 한없이 먼 님
내가 가장 잘 아는 이
내가 가장 모르는 이

안다고 하지만 알 수 없고
같다고 하지만 같을 수 없는
님
오랜 세월 함께 살아도
역시 그 님

서로 모르고, 서로 다른 님,
같아야 한다고 할 때 보다
다름을 존중할 때 사랑

둘이 만나 둘 만의 삶을 만들고
둘 만의 십자가를 만든다

....

어느덧
닮은 두 사람

230_380mm

내가 두려워하는 이는
내가 사랑하고 나를 사랑하는 이.

사랑하는 이들이 아플까 두렵다.
멀어질까 두렵고 그들이 불행에 빠질까 두렵다.
혹 나로 인하여 상처받을 것이 두렵고
나로 인하여 슬픔에 빠지는 것이 두렵다.

"하나님이 두렵지 않느냐"고?

내가 그분의 맘을 아는데 두려워하는 것은 내가 아니고 그분이
다.

460_270mm

산다는 건 누군가를 밟고 또한 누군가에게 밟히고, 그렇게 사는 것.

산다는 것이 그대로 살상이고 폭력이다. 내가 먹은 모든 것들이 생명이다. 내가 먹은 밥알이 생명이고 고기 한 점이 생명이며 멸치 한 마리, 김치 한 조각이 그대로 생명이 아니던가? 내가 소비한 모든 것들도 생명이다.

내가 죽는 날이 살상과 폭력을 멈추는 날. 그 날, 내 남은 몸을 땅에 묻어 땅속 벌레들에게 양식으로 줄까 아니면 불에 태워 하나님께 번제로 드릴까.

250_380mm

　　인간세상은 천태만상, 모든 이들이 모습이 다르고 생각도 다르
다. 어떤 것은 많이 다르고 어떤 것은 조금 다르다. 그런데 많고
적음의 기준이 없다. 많이 다른 줄 알았는데 그게 그거다. 같은
줄 알았는데 결정적으로 다르다. 같다면 모두가 같을 수 있고 다
르다면 모두가 다르다.

　　크게 다르면 그러려니 하는데 조금 다를 때는 원수가 되기도 한
다. 때로는 같아서 원수가 되고 때로는 달라서 원수가 된다.

　　공자는 말했다.

　　"군자는 같지 않아도 화합할 수 있는데 소인은 같으면서도 불
화한다. 君子和而不同 小人同而不和" — 〈論語〉 자로 23장 —

　　"종착지는 같지만 길은 여러 가지, 뜻은 같지만 생각은 백가지
同歸而殊塗 一致而百慮" — 〈周易〉, 계사하 5장 —

　　이 십자가의 이름을 〈大同十字架〉라 할까 〈玄同十字架〉라 할까
고민하다가 누구나 알 수 있게 〈함께하는 십자가〉라 했다.

200_350mm

사랑은 아픔이다.
사랑해서 아프고 사랑하고 싶어서 아프다.
사랑을 이루지 못해서 아프고,
사랑을 빼앗겨서 아프고,
사랑을 받아 줄 수 없으니 아프고,
사랑을 받아 주지 않아 아프다.
사랑에 목말라 아프다.

사랑의 질투 때문에 아프고,
사랑이 미움 되어 아프다.
사랑하는 사람이 아프니 아프고,
사랑을 지속할 수 없어서 아프다.
사랑하는 이가 떠나서 아프고
사랑해선 안 될 사랑 때문에 아프다.
사랑하는 사람과 헤어져야 하니 아프다.

가수 김광석은 "너무 아픈 사랑은 사랑이 아니었음을…"이라고 했는데 아프지 않은 사랑이 있을까? 사랑이 클수록 아픔도 크다.

누구를 사랑한다는 것은 아픔을 같이 하는 것, 그래서 사랑은 전염병이다.

가슴이 찢어지는 아픈 사랑을 폭포수 같은 눈물로 보면서

"나도 저런 사랑한번 해 봤으면…"

하는 것이 여인의 맘이다.
엄청난 아픔을 품고 있는 사랑이야기, 그런데도 그것이 부러운
것은 어찌된 일인가?
아픔이 예견된 사랑에 몸을 던지는,
사랑은 이렇게 파멸을 숨기고 있는 마약이다.

아! 사랑이여.
사랑은 계산하지 않는다.
사랑은 예견하지 않는다.
사랑은 조건이 없다.
그래서 사랑은 아픔과 슬픔이다.

신학

320_600mm

오래 전, 김흥호 선생님께서 가르쳐주신 말씀이다.

"석가님께 인생을 한마디로 정의해 달라면 아마도 "苦"라고 하실 것이다. 괴롭고 괴로운 것이 인생이라는 것이다. 공자님께 그리 해달라면 선생님은 아마도 "難"이라 하실 것이다. 어렵고 어려운 것이 인생이라는 것이다. 예수님은 뭐라 하실까? 아마도 苦와 難을 합하여 "苦難"이라 하실 것이다."

인생의 큰 과제는 苦와 難을 극복하는 것, 苦와 難은 인생의 과정이다. 목적일 수 없고 결과여서도 안 된다. 불교는 苦를 어떻게 극복할까? 苦의 원인은 욕망이니 버리라 한다. 질기고 질긴 인연이니 끊으라 한다. 유가는 難을 어떻게 극복할까? 참되라 한다. 하늘의 섭리, 자연의 섭리에 순종하라 한다. 예수께서는 무어라 하셨을까? 苦難의 십자가를 지라 하신다.

고난의 십자가는 버릴 수 없다. 버릴 수 있는 것이라면 처음부터 내 십자가가 아니었다. 남에게 넘길 수도 없다. 남이 대신 질 수 없으니 내 십자가다. 내 십자가니 외면 할 수 없다. 내 십자가를 외면 한다는 것은 내 인생을 외면하는 것이다. 버릴 수 없고, 양도 할 수도 없고, 외면할 수도 없는 십자가라면 기꺼이 지는 수밖에 없다.

"없다"는 "업다"와 같다. 아기 엄마에게 아기는 가장 큰 짐이다.

그래서 등에 업는다. 등에 업어서 어미와 아기는 하나가 된다. 아기는 짐이 아니라 어미의 존재 이유다. 고난의 십자가를 기꺼이 짊어 질 때 십자가는 더 이상 고난이 아니고 나의 존재 이유가 된다.

아! 감당하기 어려운 십자가로 고통가운데 있는가? 그것이 당신의 존재이유인 것을 어찌 하겠는가.

불교는 고차원의 고급종교다. 수많은 경전을 읽고 익혀야 하는 것도 그렇고 참선 수행하는 것도 그렇고 민중과는 관계없는 고급 인간들의 고급종교다. 그런 고급인간들의 고급종교로는 민중을 구원할 수 없다. 중생들은 경전을 읽을 수도 없고 참선에 정진할 수도 없기 때문이다. 그것을 안타깝게 여긴 이가 있었다.

아주 옛날 법장이라는 중이 있었다. 그는 생·노·병·사의 고통 가운데 살아가는 뭇 중생들이 너무나 불쌍해서 서원기도를 하고 수행을 했다. 그리고 마침내 성불했다. 그가 아미타불이다. 이제 그의 서원대로 민중들은 그의 이름을 부르면 된다. "나무아미타 불" 아미타불에 귀의한다는 뜻이다. 이것이 정토신앙이다. 정토신 앙은 미륵신앙^{다시 오실 부처님}과 함께 민중불교의 핵심이다. 아미타 불은 제 스스로 구원할 수 있다는 자력종교를 거부하고 무지하고 가난한 민중들에게 타력종교의 길을 열어준 것이다. 불교를 자력 종교라고 하지만 그것은 소수의 잘난 사람들이 생각 없이 하는 말 이다. 대부분의 민중들에게 불교는 타력종교다.

사람이 사람을 구원할 수 있을까? 더구나 제 자신을 구원할 수 있을까? 어림없는 말이다. 소경이 소경을 인도하는 격이다. 그럴 수 있으면 좋겠다는 희망일 뿐이다. 그러면 하나님은 사람을 구원 할 수 있을까? 하나님도 사람을 공짜로 구원할 수는 없다. 대가를 치르셔야 한다. 그래서 육신을 입고 세상에 오셨다. 그리고 죽으

460_270mm

셨다. 다른 방법은 없다. 적어도 구원문제에 있어서 하나님은 전능하지 않다. 하나님도 힘 안 들이고 말씀으로만 사람을 구원할 수는 없으셨던 것이다.

하나님께서 인간으로 강림하신 예수, 그리고 죽으신 예수가 바로 구원 사업의 핵심이다. 율법이 아니다. 교리도 아니다. 그냥 "예수"다. 그래서 너무 간단하다. 그래서 기독교는 민중종교다. — 간단하기는 하지만 쉬운 것은 아니다.— 그래서 말인데 자력종교는 없다. 아무리 생각해도 자력으로는 안 된다.

불교의 여러 부처님 중에서 예수님과 가장 비슷한 부처님이 아미타불이다. 그래서 엉뚱하게도 이 십자가를 만들고 〈아미타불 십자가〉라 이름 했다. 받침대를 연꽃문양을 사용해서 불교 이미지를 넣었다.

380_230mm

중병에 걸린 이에게
해줄 위로의 말이 내게는 없다.

"하나님의 은총으로 속히 치유되시기를 …."
"치료의 하나님께서 치유해 주실 겁니다 …."
"깨끗하게 치유되시기를 기도 합니다 …."

왜 나는 이런 위로의 말을 하지 못하는가?

질병은 재앙이 아니라 하나님의 섭리하심,
죽음도 재앙이 아니라 하나님이 정하신 거부할 수 없는 법칙,

치유해야 할 것은 병이 아니다.
극복할 것은 죽음이 아니다.
그것에 대한 불안과 공포다.

그래서 나는 이렇게 기도한다.

"주님!
불쌍한 영혼을 치유해 주소서.
두려워하지 않게 하시고 순종으로 받게 하소서."

180_360mm

내가 삶의 괴로움을 질겅질겅 씹고 있을 때, 나의 젊음, 나의 지식은 물론 나의 소신까지도 팔 수 있으리라고 생각했다. 주님께 대한 배신이다. 소름끼치도록 끔찍한 생각이었다. 혹 악마일 수도 있는 누군가가 내 뜻을 알고 아주 작은 손짓만 했더라도 나는 그의 하수인이 되었을 것이다. 그런 나를 알기에 나는 감히 "나는 아니지요?" 할 수 없다.

다행히 아무도 나를 사 주는 이는 없었다. 그 만큼 나는 가치 없는 인간이다. 일찍이 중국의 莊子는 "無用之用^{쓸모 없음의 쓰임}"을 이야기 했다. 때로는 무능하고 무가치함이 자신을 보존한다. 보잘 것 없는 이에 대한 주님의 극진하신 배려다. 감사한 일이다.

110_260mm

도스토예프스키의 『까라마초프가의 형제들』, 그 중에 백미가 '대심문관'이다.

15세기, 종교재판이 무섭게 진행되고 있던 때, 에스파냐의 세비야에 그리스도께서 오셨다. 세비야 중앙 광장에는 웅장한 화형대가 세워져 있었고 바로 전날 그곳에서는 거의 100여명에 달하는 사람들이 이단으로 몰려 화형을 당했던 때였다. 화형식은 왕과 대신들, 그리고 귀부인들, 세비야의 수많은 주민들이 지켜보는 가운데 대심문관인 추기경에 의해 집행 되었다.

그리스도께서는 아주 초라한 모습으로 매우 조용하게 오셨지만 누구든지 그분을 보기만 하면 그분이 바로 그리스도이심을 단박에 알아차렸다. 그분 주변에는 사람들이 몰려들었다. 그분은 몰려든 대중을 축복하셨고 그의 몸은 물론 옷자락에 닿기만 해도 병이 치유되었다. 어릴 때부터 장님이었던 한 노인이 '주님, 저를 치유해 주십시오, 그러면 제가 주님을 뵐 수 있겠습니다.' 하자 그의 눈이 떠졌고 그는 주님을 볼 수 있었다. 성당입구에서는 장례를 치르기 위해 성당으로 들어가는 일곱 살짜리 여자아이를 2천 년 전 그 때처럼 '달리다 쿰'이라 말하시며 살려내셨다. 그 분을 따르는 민중들은 주체할 수 없는 감격으로 비명을 지르고 흐느껴 울었다.

그 때 마침 그곳을 지나던 대심문관이 그 장면을 목격하였다. 구십세의 고령이었지만 큰 키에 꼿꼿한 모습을 잃지 않았고 그 눈에는 불꽃과 같은 광체가 이글거리고 있었다. 바로 어제, 화형식을 집행할 때의 그는 화려하게 차려입은 추기경 복장 이었으나 지금 그의 모습은 낡아빠지고 허름한 승복을 입고 있었다. 그리스도께서 죽은 소녀를 살리시는 모습을 쭉 지켜보던 대심문관은 그리스도를 체포하라고 명령하였다.

그 날 밤, 대심문관이 감옥으로 그리스도를 찾았다.

"도대체 왜 오셨습니까? 우리를 방해하러 오셨습니까? 당신은 올 필요가 없습니다. 당신은 '사람은 빵으로만 사는 것이 아니라'고 했지만 사람들은 바로 빵의 이름으로 당신께 반기를 들고 일어나서 당신과 싸워 이길 것입니다. 세상의 빵보다 더 확실한 것은 아무것도 없습니다. 빵을 주면 인간은 경배할 것입니다.

당신은 저들에게 자유를 준다고 하였지만 저들은 빵을 달라고 합니다. 그리고 우리는 당신의 이름으로 빵을 줍니다. 분명히 알아 두십시오. 우리는 당신의 편이 아니라 악마의 편입니다. 바로 이것이 우리의 비밀입니다. 우리는 이미 오래전부터 당신이 아니라 악마와 함께 했습니다."

대심문관은 문을 열고 그리스도에게 말한다.

"어서 가시오. 그리고 다시는 오지 마시오. 절대로 오지 마시오."

예수께서 약속한 것은 자유이고 천국이고 평화인데 악마가 약속해 주는 것은 세상의 빵과 안정이다. 똑같은 약속을 오늘날 악마의 하수인들이 한다. 경제를 풍요롭게 하겠다고 한다. 국가 안보를 튼튼히 하겠다고 한다. 자유는 불안이요 혼란이니 복종함으로 안정을 얻으라 한다.

대심문관의 이야기가 단지 소설속의 이야기일까? 주님을 배반하기는 대심문관이나 우리나 일반이다. 다른 점이 있다면 소설속의 대심문관은 자신이 배반자라는 것을 알고 또 시인하지만 오늘날 성직자들과 대중들은 그것을 모른다. 그리고는 마치 유다처럼 "나는 아니지요?"한다.

배신이다!
반역이다!

* 〈반역의 십자가〉를 어떻게 만들까를 고민하던 중 천사와 악마의 모습이 겹쳐진다. 信者와 背信者의 모습이 겹쳐진다. 그래서 나의 첫 작품 〈첫사랑 십자가〉에 다른 이름 〈반역〉을 덧붙였다.

360_670mm

예수의 인생
춥고도 쓸쓸하도다.
메마른 광야에
이름 없는 들꽃으로 피어나
소박하고 어리석은 민중 속에
소리 없이 살다가
때를 만나 세상을 향하여 천기를 누설하니

아하! 그것이 죄였던가?
죄라면 그것은 분명 커다란 죄였으리라
노예처럼 살아야할 민중들을 주인이라 했으니 그것이 큰 죄다.
비굴하게 살아야할 민중들을 하나님의 아들이라 했으니 그것이
큰 죄다.
죄인을 의인이라 하고 의인을 죄인이라 했으니 이것이 큰 죄다.

죄가 어디 그것뿐이랴
갈릴리 촌부가 일약 세계적인 스타가 되었으니 그것 또한 엄청
나게 큰 죄다.
하나님을 아버지라 하여 신성모독이 아니다. 무지한 중생들의
복종과 존경을 받아온 사악함과 위선을 폭로했으니 그것이야말로
신성모독이다.

죄라면 씻지 못할 죄가 하나 더 있다. 이것이야말로 가장 큰 죄다. 사형시켜 죽였으면 그냥 죽어서 무덤에 있어야 하는데 무덤을 박차고 나왔으니 그것이 참으로 용서치 못할 죄다. 죽여도 죽지 않으면 어떻게 법질서를 세울 수 있단 말인가?

죄라는 것은 대물림 인가보다. 예수의 제자라는 것들이 무수히 나타난다. 뽑아도 뽑아도 끈질기게 나타나는 잡초다.

이 세상에 두개의 세상이 있으니 하나는 보이는 세상이요 또 하나는 예수세상이다. 그러니 대역죄인이 아닌가?

예수 세상에도 문제는 많이 있는 모양이다. 거기도 사람사회니 어쩔 수 없겠지만 간혹 어떤 이들이 하는 모습을 보면 꼭 예수와 반대 짓 만 하는 이들이 있다.

옛날 동·서의 권세자들은 군주를 섬김에 자신의 권세를 유지시키는 도구로 섬겼다. 군주가 무능하면 그를 능멸하고 군주가 힘이 있으면 그 앞에 아부했다. 필요에 따라서 백성을 위한다 하면서 왕을 쳤고 왕을 위한다 하면서 정적을 제거했다. 아! 오늘날도 신하가 군주를 섬기듯이 예수를 섬기는 자 없는가? 그의 이름만 열심히 팔아먹는 자는 정녕 없겠는가?
아! 불쌍한 예수여 당신의 후손들을 굽어 살피소서.

"구원의 확신이 있습니까?" 라는 기분 나쁜 질문, 조금의 의심이라도 있으면 그 의심으로 말미암아 구원받지 못할 것처럼 윽박지른다.

"나는 구원받았다."고 한다면 구원 받은 것일까? 구원은 내가 나를 구원하는 것이 아니라 주님께서 판단하시고 주님께서 하실 일이다.

어찌 보면 구원의 확신이라는 것은 뻔뻔한 짓이다. 강요된 구원의 확신은 모래성과 같다. 제 스스로 깊은 영혼의 밑바닥에서 늘 불안하지 않을 수 없다. 차라리 구원에 대한 긴장과 불안 속에 있어야 한다. 그것이 깨어있는 신앙일 것이다. 순간순간 자신의 신앙을 반성하면서 산제사 드리는 것이다.

믿음이 구원의 조건이다. 그러면 믿음이 무엇일까? 믿음은 "밑힘"이다. "믿음"이라는 말은 "밑힘"이라는 말에서 왔다. 사람들은 모두 믿음을 가지고 있다. 그러나 그 믿음이 다르다. 어떤 이는 재물을 "밑힘"으로 삼는다. 어떤 이는 권력을, 어떤 이는 지혜를, 어떤 이는 인간관계를, 어떤 이는 젊음을 어떤 이는 연약한 자기 주먹을 …

예수를 밑힘으로 하고 그분의 가르침과 삶을 나의 가치관으로

240_420mm

삼는 것이 기독교신앙이다. 생각과 삶은 온통 세속적인 가치관에 따르면서 "구원의 확신" 운운 하는 것은 엉뚱한 짓이다.

나의 밑힘이 되시는 예수를 어떻게 표현할까? 老子의 통나무樸를 빌려와야겠다. 그냥 통나무다. 다듬지 않은 소박함이다. 교리로 다듬어진 예수가 아니다. 필요에 의해 꾸며진 예수가 아니다. 우군과 적군을 구별하는 예수가 아니다. 나라와 민족을 구분하는 예수가 아니다. 이단과 정통을 구분하는 예수가 아니다. 맨 처음 모습 그대로의 통나무 같은 예수, 통나무 같은 예수님을 밑힘으로 나의 십자가를 세우리라.

270_320mm

숙부는 햄릿의 아버지를 죽이고 왕위를 찬탈했다. 그리고 햄릿의 어머니를 아내로 삼았다. 그런 그가 기도한다.

"범행으로 얻은 것들을 간직하고도 용서를 받을 수 있을까? …… 회개할 수 없는데 그게 무슨 소용이 있으랴?"

그는 안다. 결코 돌이킬 수 없다는 것을, 그래서 용서받을 수 없음도.

240_280mm

내가 용서한다면 용서되는 것일까?

내 자식을 죽인 원수를 내가 용서한다 하더라도 법은 용서하지 않는다.

"용서한다."는 것은 "죄를 묻지 않겠다."에서 그치는 것이 아니라 죄 값을 대신 치르는 것이다. 하나님께서도 누군가의 죄를 용서하시려면 당신께서 대신 죄 값을 치르셔야한다. 예수께서 그렇게 하셨다. 아! 누가 감히 "용서한다."는 말을 입에 담을 수 있겠는가?

대개 "용서"라는 것은 보복할 힘이 없어서 포기하는 것, 피해당한 약자의 자기변명이다. 보복 할 수 없다면 잊기라도 해야 한다. 그를 위해서가 아니라 나를 위해서다. 원한을 품고 산다면 내 인생이 참으로 비참하지 않겠는가? 그런데 잊는 것이 가능할까? 내 힘으로는 안 된다. 주님의 은총이 있어야 할 것이다.

300_230mm

현실을 긍정할 것인가 부정할 것인가. 유가와 묵가가 현실 참여의 가르침이라면 불교와 도교는 현실도피의 가르침이다. 묘당유가 정치현실에 참여하는 이들이라면 산림유는 세상과 거리를 두는 이들이다. 역시 대승불교가 현실적 이라면 소승불교는 도피적이다. 석가모니가 속세를 떠났다고 하나 숱한 중생들을 구하러 속세로 돌아와야 했다. 교회가 세상 가운데 있다면 수도원은 한발 물러서있다. 세례요한이 바느질 하지 않은 옷을 입고 요리하지 않은 음식을 먹었지만 그 역시 세속의 사람들을 만나 가르침을 베풀었다.

예수께서는 부모형제, 처자, 자기가 가진 모든 것, 심지어 자기 자신까지도 버리고 따르라 하신다.누가복음 14:25-33 오늘날 교회로서는 받아들이기 어려운 가르침이다. 이 가르침을 실천에 옮긴다면 이단, 사이비로 매도되고 "깨어진 가정을 책임지라", "내 자녀, 내 아내를 돌려 달라"는 아우성을 견딜 수 없을 것이다.

예수께서 "다 버리고 나를 따르라"는 말씀이 어렵다. 이 말씀은 세상을 버리라는 것이라기보다는 세상의 가치관으로 살지 말고 하늘나라 가치관으로 살라는 말씀으로 받겠다. 예수의 제자가 된다는 것은 예수의 가치관을 이어받는 것이라 해석한다.

220_390mm

가장 중요한 약속은 말로 한다.

사랑고백, 말로 한다.
결혼서약, 말로 한다.
신앙고백, 말로 한다.
세례문답, 말로 한다.

불교가 마음의 종교라고는 하지만 말씀이 중요하다.
"如是我聞여시아문/-부처님 말씀을-나는 이렇게 들었다."으로 시작하는 말이다.

유교가 행함의 종교라고는 하지만 역시 말씀이 중요하다.
"子曰자왈"로 시작하는 공자님 말씀이다.

성경의 말씀도 다 귀하지만
"예수께서 이르시되"로 시작하는 말씀이 가장 중요한 복음이다.

서류에 찍은 도장은 지워질 수 있고 찢어질 수 있다. 돌에 새긴 약속은 마모되고 쇠에 새긴 약속은 녹슬어 버리지만 말로 묶은 言約은 끊어질 수 없고 사라질 수 없다.

260_490mm

프로크네에게는 사랑하는 남편과 아들, 그리고 동생이 있었다. 그런데 남편이 동생을 겁탈하고는 비밀이 새나가지 않도록 가두어 두고 혀를 잘라 벙어리로 만들었다. 뒤늦게 그 사실을 안 프로크네는 복수를 다짐한다. … 그녀는 아들의 목을 잘랐다. 그리고 살을 발라 요리를 해서 남편에게 먹였다. 맛있게 자신의 살을 먹은 남편이 아들을 찾자 그녀는 태연하게 아들의 머리를 내밀었다.

사랑보다 더 강한 것이 복수의 마음인가? 프로크네는 착하고 아름다운 여인이었으나 그 착함이 분노가 되자 그 분노는 모든 사랑을 압도한다. 아! 사람이란 어떤 존재일까? 어떤 때는 한없이 선하고 한없이 거룩하고 한없는 사랑을 베풀지만 어떤 때는 도무지 상상할 수 없는 모습을 보이기도 하니 어찌하나?

인간은 선할까 악할까? 아주 오래전부터 있어온 질문이다. 아직도 끝나지 않은 질문이다. 그리고 영원한 질문일 것이다. 하나님은 사람을 당신의 형상대로 만드셨다. 그래서 사람은 선하다. 그러나 사람의 속에는 악마도 도사리고 있다. 그 끔찍한 악마가 고개를 들 때면 감당할 수 없는 악이 펼쳐진다. 선하고자 하지만 선할 수 없는 인간이기에 바울선생은 "오호라 나는 곤고한 사람이로다 이 사망의 몸에서 누가 나를 건져내랴"로마서 7장 한탄했을 것이다.

아! 십자가에는 누가 달려야 하나? 악한 나를 매달아야 할 것인가 아니면 악을 대신해서 선한 내가 달려야 할 것인가?